中国转型期企业组织健康的理论与实证研究

王晓静　著

吉林大学出版社

·长　春·

图书在版编目（CIP）数据

中国转型期企业组织健康的理论与实证研究/王晓
静著. —长春：吉林大学出版社，2020.5
ISBN 978-7-5692-6717-4

Ⅰ. ①中… Ⅱ. ①王… Ⅲ. ①企业管理–组织管理学
–研究–中国 Ⅳ. ①F279.23

中国版本图书馆 CIP 数据核字(2020)第 122122 号

书　　名　中国转型期企业组织健康的理论与实证研究
　　　　　ZHONGGUO ZHUANXINGQI QIYE ZUZHI JIANKANG DE LILUN YU
　　　　　SHIZHENG YANJIU

作　　者　王晓静　著
策划编辑　高珊珊
责任编辑　卢　婵
责任校对　代景丽
装帧设计　李新琴
出版发行　吉林大学出版社
社　　址　长春市人民大街 4059 号
邮　　编　130021
发行电话　0431 – 89580028/29/21
网　　址　http://www.jlup.com.cn
电子邮箱　jdcbs@jlu.edu.cn
印　　刷　湖北星艺彩数字出版印刷技术有限公司
开　　本　787mm×1092mm　1/16
印　　张　12.75
字　　数　210 千字
版　　次　2020 年 5 月第 1 版
印　　次　2020 年 5 月第 1 次
书　　号　ISBN 978-7-5692-6717-4
定　　价　58.00 元

前　言

　　改革开放以来，中国各类企业蓬勃发展。然而，在中国经济的转型期，很多企业仍存在弊端：有些企业通过造假而骗取银行贷款；有些企业将产品功能"神"化而诱骗消费者；有些企业因管理不善而导致员工怨气很大，没有工作积极性……此外，近几年揭露出的一些反腐案件与作为市场经济主体的企业有较大关系，个别企业多位中高层领导因涉腐败案而锒铛入狱。

　　我对这些现象非常感兴趣，最初，我把这些现象归为企业文化问题，但是我的博士导师孟宪忠教授认为这是企业健康问题，比企业文化更加具体、内涵更丰富。在孟老师的指点下，我从罗列中国企业存在的不健康问题着手，深刻理解到企业保持健康的意义。健康是企业持续生存和发展的基础。中国企业是否健康在一定程度上体现了中国经济的健康与否，而中国企业的健康运行在一定程度上决定着社会经济生活的正常运转。令人稍觉遗憾的是，中国经济转型期企业组织健康的研究还没有得到国内外学者普遍的关注。因此，无论在理论上还是实践上，都迫切需要一套适合中国转型期的企业组织健康的理论与方法，本书正是为了满足这一需要而进行的探索。本书是我在上海交通大学安泰经济与管理学院攻读管理学博士学位期间的研究成果，同时，它也是上海交通大学、中国大连高级经理学院企业健康指数课题的重要成果。本书的出版得到上海工程技术大学著作出版专项以及上海工程技术大学工商管理学科建设经费资助。

　　本书在充分吸收国内外研究成果的基础上，试图以中国转型期为背景，以制度理论、动态能力理论、利益相关者理论为基础，对企业组织健康问题进行了较为全面的研究。

　　企业组织健康是在组织层面，受所处外部环境影响，与企业现状紧密相关，体现为一定时期所有健康因素的综合状态，它也是人们在一定时期结合某种价值取向对企业组织的一种综合判断。中国转型期企业所处的外部环境不确定性较高，政府对企业的健康成长影响较大。将来企业外部环境变化趋势是市场竞争更加激烈、法治体系更加完善、社会信息更加对称、政府权限更加合理。中国企业组织健康现状有喜有忧。组织健康是动态的，企业在创业期和衰退期最容易出现各种健康问题。对企业组织健康评价的主体既可以是来自组织内部的员工，又可以是来自组织外部的专家。组织局内人角度组织健康关键因素包括愿景方向、责任氛围、激励动力、协调能力。组织局外人角度组织健康关键因素包括企业精神、组织作风、组织能力、组织外向行为、组织制度结构。本书介绍了员工角度主观测量、第三方角度相对客观测量等多种企业组织健康程度的定量测量方法、步骤、评价标准。在中国转型期，守住"底线"（即不违法）、盈利存活是中国转型期健康的企业组织的必要条件。本书还提供了企业更加健康的改进路径，即从组织不健康、亚健康等向基本健康、健康、非常健康方向改进，建立包含政府支持、环境不确定性、企业年龄、组织健康、企业绩效等变量的中国转型期组织健康模型。理论模型构建旨在阐述政府支持、组织健康、企业绩效之间的关系，探讨组织健康对企业绩效的影响程度会不会因企业年龄的不同而不同及组织健康对企业绩效的影响程度会不会因环境不确定性的不同而不同。本书通过问卷调查法，发现：组织健康对企业绩效有正向显著影响，政府支持对企业绩效存在正向显著影响，组织健康在政府支持与企业绩效的关系中起中介作用，企业年龄负向显著调节组织健康的中介作用，企业年龄对组织健康和企业绩效之间的关系没有显著调节作用，环境不确定性对组织健康和企业绩效之间的关系没有显著调节作用，环境不确定性没有显著调节组织健康的中介作用。

本书共分6章。第1章为绪论，阐述企业组织健康的研究背景、研究意义、研究对象、涉及的基本概念、研究内容、研究方法、技术路线及主要创新点。

第2章为文献综述。本章综合评述了制度理论、动态能力理论、利益相关者理论。回顾国内外转型期相关研究，健康、学校组织健康相关研究及企业组织健康相关研究。

第3章为概念与模型。本章分析中国转型期企业外部环境特征、变化趋势和中国企业组织健康现状。接着，研究企业组织健康的关键因素，企业组织健康程度的测量，企业组织健康的动态性。之后，提出组织健康变量相关的研究假设，并汇总成企业组织健康的概念模型。

第4章为研究设计。本章介绍问卷设计程序，预测试数据的来源，正式测试数据的来源。之后，说明政府支持、环境不确定性、组织健康、企业绩效、企业年龄等变量的操作性定义、测量依据、测量题项，使用的统计分析方法。

第5章为数据分析与结果。本章进行预测试样本分析，组织局内人视角正式测试样本的描述性统计分析、探索性因子分析和验证性因子分析，组织局外人视角正式测试样本的描述性统计分析、探索性因子分析和验证性因子分析，结果得到组织局内人视角组织健康量表和组织局外人视角组织健康量表。此外，本章检验了中国转型期企业组织健康模型并对检验结果进行讨论。

第6章为主要结论、措施建议和研究展望。本章是对相关知识的总结，给出了提高企业组织健康程度的建议，指出了将来研究的方向。

在本书的写作过程中，参考和引用了大量国内外学者的研究成果，吸收了一些有益的见解，在此向他们表示深深的敬意和感谢。本书可为从事企业经营管理的实践者、政府部门从事相关管理的工作者、机构从事相关研究的学者以及对企业健康感兴趣的人提供阅读参考。由于时间、能力、资源等因素的限制，一些观点、方法、结论难免有值得商榷处，恳请有关专家、学者和广大读者不吝赐教。

目 录

各章图片索引

各章表格索引

1 绪　论

企业组织健康研究是源于国内外社会现象的、新兴的、前沿的课题。中国转型期企业组织健康的理论与实证研究是迫在眉睫的时代课题。

1.1 研究背景

随着健康大时代的到来，人们越来越重视健康。其实"健康"这个词语并不局限于个人，还可以用于企业。如果我们在企业发展过程中没有停下来审视过组织健康，企业就会出现各种危机，这是很不幸的。在国外，一些规模大、历史久、业绩好、知名度高的公司破产了，例如柯达公司、雷曼兄弟公司。在中国，一些曾经快速成长、业绩好、有一定知名度的大集团公司倒闭了，例如浙江金乌集团、三鹿集团、四川汉龙集团、四川中江集团、山西阳泉钢铁集团、陕西唐华集团、金义集团等。这些企业的破产或倒闭是由各种各样的原因造成的。但从根本上说，这些大企业的失败都有一个共同因素，即忽视企业本身的组织健康。

日本企业家立石一真在 20 世纪 80 年代首次使用了"大企业病"这个词，其症状包括铺张浪费、盲目自大、内耗严重等。美国著名企业家韦尔奇曾对企业进行大刀阔斧的重组，其改革实质是将通用电气等公司建设成具有大企业的力量、小企业的灵魂、健康体质及独特竞争力的一流企业。

"组织健康"（Organizational Health）是 1962 年本尼斯在《朝向真正的科学管理：组织健康的概念》中首次提出的。[1] 然而，这个概念在之后的一段时间内并没有被广泛应用到企业组织中，而是被应用到了学校组织中。直到 20 世纪 80 年代，因为美国有些企业用欺骗性广告进行宣传，或存在财务欺诈，一些学者才注意到企业组织健康问题。到了 20 世纪 90 年代，对企业组织健康的研究进入小高潮。之后，随着安然公司财务丑闻的曝光及一些拥有行业领导者地位的公司的衰退或破产，对企业组织健康的研究掀起了新的热潮。

改革开放以来，乡镇企业、外资企业、民营企业、国有企业、小微企业不断蓬勃发展。同时，这些企业组织的健康问题也引起了政府官员、企业实践者及学术研究者的重视。本研究关注中国的企业组织健康主要有以下原因。

首先，中国企业存在不健康的现象。例如：有些企业只山寨，不思创新；有些企业将产品功能"神"化，诱骗消费者；有些企业的普通员工怨气很大，没有工作积极性；有些企业的许多员工不清楚别人在做什么……

其次，中国企业组织健康问题还没有引起学者的普遍关注。国际上关注组织健康的学者主要来自美国、荷兰、瑞典、挪威、英国、希腊等国家，最近几年也有来自印度、越南的学者。由于他们关注的只是本国企业的组织健康，因此他们的观点和理论不能照抄照搬到中国。近些年，国内只有极少数学者注意到了中国企业组织健康的问题。

最后，中国处于转型期，中国企业正逐步成为独立主体参与市场活动。企业在国民经济中发挥着重要的作用，因此企业的组织健康问题在一定程度上体现了中国的经济健康问题。

1.1.1 问题的提出

在中国转型期，企业面临着严峻的挑战，因为政策、供应商、客户都有不确定性，但同时也面临着很多机会。然而，机会是留给有准备的企业的。企业要实现生存和发展，需要有自己的优势。组织健康是任何企业都能获得的最大的优势。[2]另外，在异常激烈竞争的条件下，企业最终的竞争优势在于同时实现业绩增长和组织健康。[3]

2000 年之前，只有一些官方文件提及了中国企业的健康问题。2000 年之后，则有协会开展了一些关于企业健康思想的交流活动。例如，2003 年中国企业文化年会重点关注了企业健康主题。国际金融危机之后，小微企业的健康发展得到中国政府部门的高度重视。2012 年国务院发布了《关于进一步支持小型微型企业健康发展的意见》。2014 年国务院发布了《关于扶持小型微型企业健康发展的意见》。2015 年国家质检总局发布了《关于进一步支持小型微型企业健康发展的意见》。此外，一些研究型大学(例如浙江大学管理学院)和咨询公司也高度关注了企业组织健康。

2000 年以来，孟宪忠、王汇群、郭强等少数学者撰写了题名含有"企业"

和"健康"或"企业组织健康"的学术论文。2008 年以来极个别学者(如王兴琼)发表了多篇主题为"企业组织健康"的论文。然而，企业组织健康仍没有引起广大学者足够且充分的关注。

学者们对企业组织健康的研究主要停留在概念的阐述、维度的分析及组织健康的表征研究上。其研究方法以定性研究居多，定量研究还是凤毛麟角。如果能够对企业组织健康的内涵、构成因素、程度、前因变量、后果变量等进行实证研究，那么将极大丰富现有的关于企业组织健康的文献。

企业组织健康是本书研究的客体，对其说明如下。

首先，本书研究的对象是企业组织。社会有各种各样的组织，其中企业是一种营利性经济组织，它不同于学校组织的公益性质。在现有文献中，一些学者只探讨了学校组织健康，[4]很少涉及企业组织健康。

其次，企业组织健康是将健康的概念嵌入企业组织中。从医学角度来说，健康是没有疾病和虚弱的状态；从生物学角度说，健康是维持生命和繁衍后代的条件；从社会学角度说，健康是一种社会上的理想状态；从心理学角度说，健康是对美好生活的向往；从伦理学角度说，健康是道德上符合伦理要求；从管理学角度说，健康是高效率的基础。

最后，本书是从全局角度研究企业健康，而不是企业的具体职能部门、项目团队、单个业务单元范围或员工个体的健康。当然，从组织整体层面研究企业健康，并不是否定项目团队健康、员工身心健康的重要性。

企业组织健康程度是许多企业家和政府管理者所关心的。针对企业组织的健康程度如何测量这一问题，一些学者进行了多种尝试，但是至今还没有形成能被广泛接受的测量方法。

中国处于转型期，较高的环境不确定性对企业来说是一个客观存在的事实。环境不确定性作为研究的自变量，李大元、项保华和陈应龙通过实证发现环境不确定性是动态能力的驱动因素；[5]袁旭梅、张旭和张志军则研究发现，环境不确定性正向影响技术能力；[6]吴爱华、苏敬勤和杜小军指出，环境不确定性负向影响合作创新；[7]还有一些学者(例如黄亮)将环境不确定性作为调节变量。[8]

政府支持是一种正式的但超出法律的制度。中国处于转型期，政府出台和执行了一系列支持科技的政策。政府支持是中国高科技公司的战略优势,[9]将带来增强的企业绩效。[10]

现阶段,组织健康、政府支持等概念都比较新。现有文献也没有直接研究环境不确定性、组织健康、政府支持等变量之间的关系。而企业绩效历来受到企业界和学术界的重视。因此,本书提出如下重要的研究问题。

什么是企业组织健康的内涵?企业有哪些关键组织健康因素?评价中国企业组织健康程度的方法是什么及如何测量?政府支持、组织健康、企业绩效之间的关系是什么?组织健康与企业绩效在企业年龄增长情况下是怎样联系的?组织健康与企业绩效在较高的环境不确定性条件下是怎样联系的?组织健康是否在政府支持与企业绩效之间起中介作用?该中介作用是否受企业年龄、环境不确定性的影响?

1.1.2 研究动机和研究目的

首先,改革开放以来,伴随着经济较快速增长,一些不良的现象开始出现,例如腐败、环境污染、急功近利、不讲诚信、内斗严重、人均生产率不高等。也有一些企业如昙花一现,快速消亡。有一些表面风光的大企业,出乎意料地死亡。探究这些企业现象背后的深层次原因可以发现,企业的组织健康没有得到足够的重视。本书在麦肯锡管理咨询公司的凯勒和普拉斯的研究基础上,提出并实证了员工视角组织健康的构成因素。此外,本书还提出并实证了第三方视角组织健康的构成因素,期望为通过企业改进来促进组织健康提供理论依据。

其次,凯勒和普拉斯认为组织健康是可以衡量的。[3]他们还认为任何组织都需要在组织健康所包含的各个要素中达到一定的标准,即以同行管理实践得分最低的四分之一为界限,企业的每个管理实践得分都要高于该界限。然而,我们能不能提出更加具有可操作性的测量方法呢?如果能够提供测量工具、评价标准等,那就可以对企业进行"体检"。

再次,凯勒和普拉斯还认为组织健康和企业绩效之间有因果关系,并得出企业之间绩效的差距有50%可以归因于组织健康。[3]本书结合中国背景,开展实际调查,本着实事求是的原则,证明组织健康有没有促进企业绩效,以及对企业绩效的影响到底有多大。中国企业的年龄整体上不大,大多数是在20世纪80年代或之后成立的。组织健康对企业绩效的影响程度会不会因企业年龄的不同而不同？此外，随着技术的日益更新，环境的不确定性随之增大。比起成熟市场经济国家，中国处于转型期，中国企业面临更高的环境不确定性。那么组织健康对企业绩效的影响程度会不会因环境不确定性的不同而不同？

最后，在中国转型期，政府给企业提供了较多的支持。这对企业的健康、企业的绩效到底是好还是不好？政府支持对企业绩效的作用是否通过企业本身的组织健康起作用？

在以上的研究动机基础上，本书围绕组织健康的内涵、关键构成因素、组织健康程度测量、组织健康演化、影响组织健康的关键因素、组织健康会影响什么进行思考和开展调查研究。研究的主要目的是，以中国转型期为时代背景，以制度理论、动态能力理论、利益相关者理论为基础，对企业组织健康进行理论与实证研究。首先，阐述了组织健康的内涵，并从环境和现状入手，多角度剖析了企业组织健康的因素，提出了测量企业组织健康程度的方法，以及企业组织健康演化的可能路径。接着，建立了理论模型。假设政府支持可以促进组织健康，组织健康可以促进企业绩效，企业年龄可以调节组织健康和企业绩效之间的关系，环境不确定性可以调节组织健康和企业绩效之间的关系，政府支持可以促进企业绩效，组织健康在政府支持与企业绩效的关系中起中介作用，企业年龄负向显著调节组织健康的中介作用，环境不确定性负向显著调节组织健康的中介作用。其次，进行了研究设计，实证了组织健康的因素和组织健康理论模型。最后，得出了研究结论。我希望本书能够揭示出中国转型期企业组织健康的关键问题，并引起更多学者(包括管理学、社会学、医学、心理学等学科的学者)对中国企业组织健康的关注。我也希望本书对企业从事管理的实践者、政府部门从事相关管理的工作者及对企业健康主题感兴趣的人有一定的启发。

1.2 研究意义

企业组织健康的理论与实证研究是当前迫在眉睫的时代课题。

首先，转型期企业组织健康是国民经济健康的条件。中国企业是推动国家经济持续健康发展的重要力量，是国家财政税收的重要贡献者。企业的健康运行决定着社会经济生活的正常运转。企业兴则国家强，企业亡则国家衰。[11]因此，为了实现中国经济的持续健康发展，我们有必要研究企业的组织健康。

其次，企业组织健康与企业可持续发展紧密相关。可持续发展一直是企业追求的目标。为了避免当前企业平均寿命不长的现象发生，企业要重视组织健康对企业持续生存和发展的基础。虽然企业活得长不一定活得健康，但是通常来说，企业健康是企业可持续发展的基础。

最后，企业组织健康是健康中国建设战略实现的重要途径。党的十八届五中全会提出要推进健康中国建设。健康中国建设强调全民健康，企业是劳动者花费时间最多的场所之一，因此促进企业组织健康的措施在某种程度上有助于员工的健康。

中国转型期企业组织健康的研究有着重大的现实意义。以下详述本书涉及的具体的理论意义和实践意义。

1.2.1 理论意义

本书将企业组织和健康结合起来，以制度理论、动态能力理论、利益相关者理论为基础，阐述了企业组织健康的概念与模型，并进行了实证。其具体的理论意义有以下几点。

第一，丰富和完善了企业组织健康的内涵。企业组织健康是在企业组织层面，受所处外部环境的影响，与企业现状紧密相关，体现为一定时期的所有健康因素的综合状态，是人们在一定时期内结合某种价值取向对企业组织进行的一种综合判断。本书研究分析了中国转型期企业的外部环境特征和变化趋势；指出了当前中国健康的企业多数处于初级和中级阶段，没有达到高级阶段；剖析了当前企业组织健康问题的典型症状；从组织局内人（员工）视角和组织局外人（第三方）视角分析了企业组织健康的关键因素；提供了多种组织健康程度测量方法；指出了企业成长中的组织健康常见的演化路径，以及企业成长中容易出现组织健康问题的时间段。

第二，开发了组织健康的量表。本书从组织局内人视角和组织局外人视角设计了调查问卷，经过多轮调查，进行了预先测试和正式测试，并应用探索性因子分析和验证性因子分析方法，得出组织健康量表符合科学研究中的信度和效度标准。其中，组织局内人视角的组织健康量表由 19 个题项组成；

组织局外人视角的组织健康量表由 31 个题项组成。

第三，建立了企业组织健康模型。假设政府支持能够促进组织健康，组织健康能够促进企业绩效，企业年龄能够调节组织健康和企业绩效之间的关系，环境不确定性能够调节组织健康和企业绩效之间的关系，政府支持能够促进企业绩效，组织健康能够在政府支持与企业绩效的关系中起中介作用，企业年龄能够负向显著调节组织健康的中介作用，环境不确定性能够负向显著调节组织健康的中介作用。

在政府支持、环境不确定性、企业绩效的现有文献量表的基础上，本书结合员工视角的组织健康量表，检验证明了政府支持对企业组织健康有正向显著影响，组织健康对企业绩效有正向显著影响，政府支持对企业绩效存在正向显著影响，组织健康在政府支持与企业绩效的关系中起中介作用，企业年龄可以负向显著调节组织健康的中介作用。同时也证明了企业年龄对组织健康和企业绩效之间的关系没有显著调节作用，环境不确定性对组织健康和企业绩效之间的关系没有显著调节作用，环境不确定性没有显著调节组织健康的中介作用。

1.2.2 实践意义

无论对企业还是对政府来说，本书的研究都有重要的实践意义。

第一，本书的研究可以启发企业管理者重视组织健康。首先，对作为营利性组织的企业来说，重视企业绩效是理所当然的。而组织健康可以正向影响企业绩效。其次，长期的组织健康是许多企业的主要目标之一。[12] 从长远来看，组织的发展就是对健康的追寻。此外，企业对组织健康的管理应该是全面且系统的，对于各个健康因素不能顾此失彼。

第二，本书的研究提供了企业组织健康程度的多种测量方法。其中定量分析方法有员工角度的主观测量法、相对主观测量法、第三方评分法、客观测量法，此外还有简单易行的定性分析法。本书指出了这些测量方法的评价主体、评价工具、评价记分制、评价程序、评价标准等。企业可以用这些方法进行"体检"，从而了解自身组织的健康程度。综合应用这些方法，能够比较全面地反映出企业当前的健康状况。

第三，本书的研究启发政府部门要做好对企业的支持工作。政府支持能够促进企业组织健康和企业绩效，从而有助于国民经济的发展。项目支持(税收优惠、土地优惠)、技术信息支持、市场信息支持、财务融资支持、政策许可支持等都是政府支持的形式。这些政府支持不同于政府干预，不会深入介入企业的日常经营管理。

1.3 基本概念和研究对象

本书涉及的基本概念主要有：转型期、企业组织、政府支持、组织健康、企业绩效、环境不确定性、企业年龄。本书的研究对象是企业组织健康。

1.3.1 基本概念

1.3.1.1 转型期

基于贾奇，诺莫夫和道格拉斯对转型期的定义，[13]本书所指的转型期是社会主义市场经济逐渐完善的时期，结果整个国家在全球范围内变得更加具有竞争力。

1.3.1.2 企业组织

机械系统论假定企业是一部机器，是一个生产、销售产品或提供服务的工具。人造系统论假定企业是一个人工复合体，是人类建构起来的系统，并由人类不断对其进行控制和管理，目的在于满足不同利益主体需要。人类自然系统论将企业看作独立的生命有机体，能实现所处社会的信仰和承诺。

本书中，企业组织是一个复杂的、开放的、营利性的系统，是有结构的、有精神的、有行为的、有能力的、有文化的、有产出的、没有寿命上限的"人"。

1.3.1.3 政府支持

政府支持是政府为了增加当地财政收入、促进当地经济发展和社会稳定，以帮助企业为动机的各种行为的总和。

1.3.1.4 组织健康

企业组织健康是在企业组织层面，受所处外部环境的影响，与企业现状紧密相关，体现为一定的时期所有健康因素的综合状态，是人们在一定时期内结合某种价值取向对企业组织进行的一种综合判断。该定义的特点为：以外部环境为分析起点；以企业组织现状为基础；以组织健康因素为基本内容；以组织健康程度测量为根本；以动态性为客观属性。

1.3.1.5 企业绩效

企业绩效是结合组织目标对企业组织经营效率进行的评估。它既包括对企业目前状况的评估，也包括对未来潜力的评估。

1.3.1.6 环境不确定性

环境不确定性指对企业具有潜在影响的外部机构或力量一直在变化，但当事人对某件事情是否会发生及发生的概率是不知道的。

1.3.1.7 企业年龄

企业年龄是企业成立之后生存的时间。

1.3.2 研究对象

组织是人们在服务于任务、目标和使命的活动中形成的一系列关系，[14]分为家庭、教堂、学校、政府、军队、其他非营利性组织及各种类型的营利性组织。[15]

本书的研究对象是企业组织的健康，而不是学校组织、家庭组织、政府组织及其他非营利性组织的健康。而且，本书的研究对象是整个企业组织范围的健康，而不是处于企业内部具体职能部门、项目团队、单个业务单元或者员工个体的健康，也不是企业外部生态系统、供销网络的健康。

1.4 研究内容和技术路线

1.4.1 主要内容

本书在分析中国转型期企业外部环境和中国企业组织健康的现状基础上，阐述了企业组织健康的关键构成因素、组织健康程度的测量方法、企业组织健康的常见演化途径；提出了企业组织健康理论分析框架，包括政府支持与企业组织健康的关系、组织健康与企业绩效的关系、企业年龄对组织健康和企业绩效关系的调节作用、环境不确定性对组织健康和企业绩效关系的调节作用、政府支持促进企业绩效、组织健康在政府支持与企业绩效的关系中起中介作用、企业年龄负向显著调节组织健康的中介作用、环境不确定性负向显著调节组织健康的中介作用；指出了提高企业组织健康程度的措施等。全书各章的内容如下。

第1章，绪论。本章阐述企业组织健康的研究背景、研究意义、研究对象、基本概念、研究内容、研究方法、技术路线及主要创新点。

第2章，文献综述。本章综述了制度理论、动态能力理论、利益相关者理论。回顾了国内外主要健康文献，学校组织健康文献及企业组织健康文献。

第3章，概念与模型。本章首先讲述了中国转型期企业的外部环境特征、变化趋势和中国企业组织健康现状是组织健康概念的背景条件。接着讲述了研究企业组织健康的关键因素、企业组织健康程度的测量和企业组织健康的动态性。之后，提出了与组织健康变量相关的研究假设，并归纳汇总成企业组织健康的概念模型。

第4章，研究设计。本章介绍了问卷设计程序、研究数据的来源、变量的测量、使用的统计分析方法。

第5章，数据分析与结果。本章进行了预测试样本分析，组织局内人视角正式测试的描述性统计分析、探索性因子分析和验证性因子分析，组织局外人视角正式测试的描述性统计分析、探索性因子分析和验证性因子分析，得到了组织局内人视角组织健康量表和组织局外人视角组织健康量表。此外，还检验了组织健康模型。

第6章，主要结论、措施建议和研究展望。本章报告了本书研究的主要结论，给出了提高企业组织健康程度的措施和建议，并指出了将来研究的方向。

本书的理论与实证研究框架如图1-1所示。

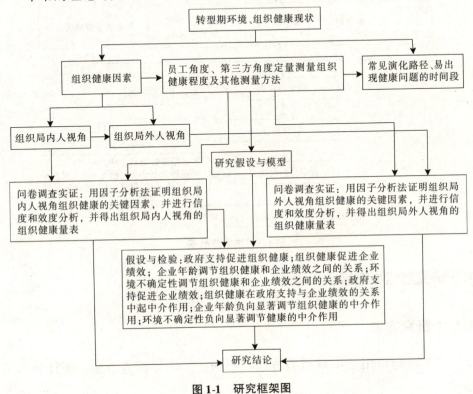

图1-1　研究框架图

1.4.2 技术路线

本书的技术路线是：首先，介绍研究背景、选题意义、研究对象，界定基本概念，指出研究内容和主要创新点。其次，阅读国内外有关文献，综述理论基础、转型期文献、健康文献、学校组织健康文献、企业组织健康文献。采用文献研究法、访谈法，提出概念模型。采用问卷调查法进行实证研究设计。最后给出研究的主要结论、措施建议与研究展望。具体如图1-2所示。

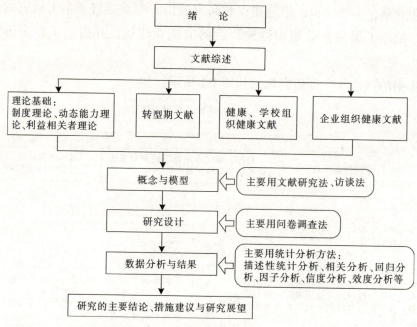

图 1-2　技术路线图

1.5 研究方法和主要创新点

1.5.1 研究方法

本书综合应用了文献研究方法、访谈法、问卷调查方法、统计分析方法等。

第一，文献研究方法。即通过对该领域的文献进行搜集、整理、分析、整合等步骤来了解本选题已有的研究成果，从掌握最新研究动态。除了在百度上搜索资料外，本书还借鉴了如下资料：首先，购买和借阅有关组织健康主题的专著和各类书籍；其次，借阅学校图书馆中的各类纸质学术期刊和电子学术期刊。电子版的中文学术期刊主要来自维普中国科技期刊、中国知网、国家哲学社会科学学术期刊数据库。电子版英文学术期刊主要来自 EBSCO 和 Emerald 期刊数据库。最后，查阅中国知网中有关组织健康的博士论文和优秀硕士论文。

第二，半结构化访谈法。该方法是事先设计要提问的题目，然后带一定机动性地提问，从而获取第一手资料的社会科学研究方法。访谈之前要通过社会关系联系被访谈人，约定访谈时间、地点，准备访谈提纲。访谈时，进行快速笔录，条件允许情况下可以进行录音。访谈结束后要将访谈的笔记内容录入电脑、整理资料，从而反思重大发现。本书在分析中国转型期环境的特征、变化趋势、企业组织健康的典型症状、组织健康程度定性模型等内容时，都是用访谈法获得资料的。

第三，问卷调查方法。该方法首先结合文献进行问卷设计，接着对问卷进行预测试并完善问卷，最后大规模发放问卷。在回收问卷后，要将全部数据录入 EXCEL 表格，检查数据，删除无效样本。然后用 SPSS 18.0 软件进行描述性统计分析、探索性因子分析、相关分析、回归分析、可靠性分析等，再用 AMOS 20.0 软件进行效度分析和验证性因子分析。

1.5.2 主要创新点

本书比较全面地阐释了企业组织健康的概念，结合环境和企业组织健康现状对组织健康的因素进行了理论和实证分析，并对企业组织健康程度的测量进行了多角度的阐述，提出了组织健康的理论模型并进行了实证。本书的主要创新点有以下几点。

第一，研究政府支持、组织健康、企业绩效、环境不确定性、企业年龄等变量及其关系模型。这些研究能够有力地推动组织健康理论的发展。

关于企业绩效的文献有很多，但组织健康对企业绩效的影响在已有研究中并没有得到重视。作为调节变量的企业年龄和环境不确定性，对组织健康和企业绩效之间关系的调节作用在已有文献中鲜有涉及。本书将行业、企业规模作为控制变量，提出并检验了组织健康能促进企业绩效的假设，提出并检验了企业年龄负向调节组织健康和企业绩效的关系的假设，提出并检验了环境不确定性负向调节组织健康和企业绩效的关系的假设。本书通过对调查数据进行回归分析发现，组织健康的确显著促进企业绩效，而企业年龄负向调节组织健康和企业绩效的关系的假设没有被证明，环境不确定性负向调节组织健康和企业绩效的关系的假设也没有被证明。

政府支持对企业绩效的影响是利还是弊？政府支持对企业绩效的作用机制是怎样的？对于这两个问题的答案，人们还不熟悉。本书将行业、企业规模作为控制变量，提出并检验了政府支持能促进企业绩效的假设，同时提出并检验了组织健康在政府支持和企业绩效之间起中介作用，还假设企业年龄负向显著调节组织健康的中介作用，假设环境不确定性负向显著调节组织健康的中介作用。经检验，结果表明政府支持的确可以显著促进企业绩效，组织健康对政府支持和企业绩效之间的关系发挥部分中介作用，企业年龄负向显著调节组织健康的中介作用，即企业年龄越小，组织健康在政府支持与企业绩效之间的中介作用越大；企业年龄越大，组织健康在政府支持与企业绩效之间的中介作用越小。但是环境不确定性负向显著调节组织健康的中介作用没有被证明。

虽然已有的文献有不少关于企业组织健康的前因变量的研究，但是，政府支持作为企业的外部环境变量对组织健康的影响还没有得到人们的重视。仅有的少数文献虽然注意到了环境因素，但并没有明确环境条件的内容，也没有进行实证。本书不但提出政府支持促进企业组织健康的假设，还进行了问卷调查研究，并将行业、企业规模作为控制变量证明了政府支持可以显著促进企业组织健康。

第二，研究组织健康的关键因素。在文献和访谈的基础上，本书提出的组织局内人视角组织健康因素包括：愿景方向、责任氛围、激励动力、协调能力。凯勒、普拉思提出的组织健康的九个要素是发展方向、领导力、文化和氛围、外部导向、创新和学习、责任、协调与管控、能力、动力。这些因素，有些并不适合中国的背景，例如管控。此外，这些因素中，有些是高度相关的，例如领导力和动力，文化和外部导向，协调和能力。因此，对这些高度相关的因素可以进行进一步的归纳。本书认为，这些因素都可以从员工视角进行感知，并进行了综合提炼。

本书提出的组织局外人视角组织健康因素包括：企业精神、组织作风、组织能力、组织外向行为、组织制度结构。孟宪忠、王汇群运用直观逻辑分析了组织健康因素，并提出企业健康分成精神健康、能力健康、作风健康、行为健康、结构健康。与此不同的是，本书提炼出的组织健康因素更加细化，例如：行为健康突出了企业的外向行为，结构健康突出了制度结构。

接着，本书通过因子分析，验证了这些组织健康因素。本书还从组织局内人视角和组织局外人视角设计了调查问卷，并经过多轮调查，进行了预先测试和正式测试，又应用探索性因子分析和验证性因子分析方法得出，组织健康测量量表符合科学研究中的信度和效度标准。

本书基于国内外学者关于组织健康因素的观点，从两个视角提炼组织健康因素，并用问卷调查法进行了实证。组织局内人视角和组织局外人视角对组织健康因素的提炼和验证，为深入理解企业组织健康的内涵提供了理论依据。

第三，研究组织健康程度的测量。本书提出企业组织健康程度有七级，特别指出健康是分层次的，有初级、中级和高级之分。相比浙江大学吴晓波团队，本书对企业健康程度的划分种类更加全面、系统。吴晓波团队将企业健康的程度分成初级、中级、高级。2012 年他们指出，中国企业的健康处于初级；2016 年他们指出，中国企业的健康处于中级。这有点不太可信，如果中国企业的健康只经过几年时间就能从初级跨到中级，那速度也太快了。本书关于企业健康程度的划分是为了给企业提供一种不断提升健康度的路径。

本书还提出了多种测量组织健康程度的方法、步骤、评价标准。综合应用了基于定量分析的员工的主观测量、利益相关者的相对主观测量、专家的相对客观测量、具体数据的客观测量，以及基于定性分析的简易测量，这样可以比较全面地掌握企业组织健康的程度。可以说，本书首次系统且全面地阐述了企业组织健康程度的测量，这有极大的商业应用价值，可以为企业"体检"，更加重要的是，组织健康量表的开发为组织健康理论的实证提供了基础。

第四，分析了当前企业组织健康问题的症状，预测了中国转型期的环境变化趋势，指出企业成长中的组织健康常见的演化路径，以及容易出现组织健康问题的时间段，提出了促进企业组织健康的措施。

基于访谈法得出了中国转型期企业存在的组织健康典型症状。如果这些组织健康问题处理不好，将会导致员工高离职率、客户流失、管理者腐败、财务欺骗、企业破产等各种后果。

预测转型期企业环境的变化趋势包括市场竞争越来越激烈、法治体系越来越完善、信息变得越来越相对对称、政府权限越来越合理。预测企业成长中组织健康常见的演化路径，从长期看，其包括倒 U 型、不断向上型和反复恢复型。本书还指出容易出现组织健康问题，甚至企业死亡的时间段是创业期和衰退期。

提出了中国转型期企业组织健康与个人、组织、社会环境都有关。组织健康程度的提升是一个系统工程，需要道德文化、规则纪律、制度法律的综合推进。因此，我们要从三个主体(个人、组织、社会)和三重内容(道德文化、规则纪律、制度法律)建设组织健康，以实现企业的健康。

1.6 本章小结

本章是本书的绪论，从研究背景出发，提出了研究问题，表达了研究动机和研究目的，指出了选题的理论意义和实践意义，界定了有关的基本概念，阐述了研究内容，提出了技术路线，预告了采用的研究方法和本书的主要创新点。希望本章能够引起读者对本书的兴趣。

2 文献综述

健康是整个人类的重要目标。企业组织如同人一样，同样有着追求健康的需求。企业组织健康的研究将"健康"一词嵌入企业组织层面，是一个新颖的研究领域。本章介绍了企业组织健康研究的理论基础，回顾了中国转型期主要文献，以及健康文献。由于组织健康文献最初集中于学校组织健康，而不是企业组织健康，因此也回顾了学校组织健康文献。此外，本章还详细回顾了企业组织健康文献。

2.1 企业组织健康的主要理论基础

制度理论、动态能力理论在管理学研究中已经得到广泛的传播。在开放的环境中，企业的生存与很多利益相关者有关，因此企业要考虑利益相关者的合理利益。利益相关者理论在企业实践中已经得到应用。组织健康理论虽然还没有得到广泛传播，但是已经在学术界引起了一些学者的关注。制度理论、动态能力理论、利益相关者理论及组织健康理论正是本书的理论基础。

2.1.1 制度理论

制度理论假设制度是环境中关键的成分。制度环境是一系列政治的、社会的、法律的规则，它们是生产、交易、分配的基础，说明了什么选择是可接受的、被支持的或者受限制的。[16]许多制度的影响会不断地交织在一起。[17]因此环境和企业的关系是制度理论的核心内容。

制度理论主要有制度经济学、组织社会学、战略管理学等三种研究脉络。

2.1.1.1 制度理论的制度经济学派观点

制度经济学主要关注不同制度下的经济效率问题。它可以分成传统制度经济学和新制度经济学。凡伯伦、康芒斯等传统制度经济学者都强调制度因素(如社会、文化、法律)的作用,立足于人们之间的互动关系来研究权力结构,并考虑制度的动态演进。

以科斯、威廉姆森、诺斯等为代表的新制度经济学派更注重研究交易过程,他们引入了信息不对称、不确定性、有限理性、机会主义行为、交易费用、产权约束、路径依赖、政府干预等变量。

制度不仅仅是系列文件,还是行为准则和互动关系。科斯提出交易成本的概念。威廉姆森则把交易成本扩展到交易关系,并认为人的行为是有机会主义倾向的,但是该倾向的程度在环境约束下会发生变化。阿尔钦指出,产权的实质是一个权利束,产权制度是激励和约束的机制。诺斯引进路径依赖来解释无效率的统治。除了正式制度的,以历史、宗教、文化、社会规范为基础的非正式制度对企业组织的影响也不可忽视,它是长期逐步形成并被人们普遍认可的规则。

制度经济学假设市场是不确定的。该不确定包括签订交易合同之前的环境不确定性和签订合同之后交易主体的行为不确定性。环境不确定条件下,个体和组织要适应环境,这就会带来交易成本。在行为不确定条件下,还需要进行绩效评价,这也会带来交易成本。因此控制交易成本的机制是企业和市场。如果企业比市场成本更低,就选择企业机制;如果市场比企业成本更低,就选择市场机制。制度给个人和组织设定了有限的行为模式,因此制度能够减少不确定性。政府取消许多行政审批活动,能够节约企业参与市场的交易费用,从而减少不确定性。波格和贺思坦还认为,公平、高效的法律系统能减少不确定性。

2.1.1.2 制度理论的组织社会学派观点

制度理论的组织社会学派不同于制度经济学,主要关注的不是不同制度下的经济效率,而是制度的合法性、企业对制度压力的反应等。

斯科特将制度分为规制性、规范性、文化认知性制度。其中,规制性的制度(如政府政策、法律等)决定了什么是允许的和什么是禁止的,这是对个体和组织的制约;规范性制度(如社会习俗)设定了什么是对的,什么是错的,这是个体和组织应该怎么做的价值判断;文化认知性制度塑造了什么是能想到的和什么是不能想到的,这决定了个体和组织的潜意识思考。迪马乔和鲍威尔认为，制度是符合合法性行为的社会规则和规范。

英格拉姆和卡伦认为，制度除了包括各种规则外，还包括规则的主体，即组织。[22]这种对制度的重新定义使制度理论不仅关注规则，也关注行为主体。也有人认为，更加广泛的制度包括一系列规则、守法程序和行为的道德伦理规范。[23]古蒂雷斯·林孔认为，合法性不仅可以被环境的制度特征的复杂性塑造，还可以被组织特征的复杂性塑造。[24]还有人认为，制度存在于社会、组织域、组织群、组织、组织内子系统等不同层次。[25]

当一些外在的制度因素渗透到组织内部时，就会产生影响。当这种影响超过组织具体任务或技术的需要时，制度化就产生了。科瓦列斯基和迪史密斯将制度化定义为采纳合适的组织形式和行为以符合社会期望过程。[26]

制度理论的组织社会学派认为，合法性是一个重要的构念。合法性是在社会价值观和组织活动之间形成的一致性及在更大社会系统中形成的可接受的行为的规范性。[27]企业可以通过与所处社会的期望一致来获得合法性。萨奇曼认为，合法性是行为是想要的、正确的或者合适的。[28]有些学者还对合法性进行了分类。魏泽龙和谷盟认为，在转型期有市场主体视角的商业合法性和政府部门视角的政府合法性。[29]苏素华、杨立华和邢书河等认为，合法性能够影响企业争取生存所需的必要资源。[30]

乐琦认为特定的制度既能约束行为主体，又能为行为主体提供行动的路径。[31]主体可以是个人，也可以是企业、学校等组织。因此，制度对理解组织的行为是重要的。制度压力和制度反应是制度理论中的重要构念。迪马乔和鲍威尔认为，制度对组织施加强制、规范、模仿这三种同构的压力。强制性的机制来源于法律及贸易协会等对社会团体的影响，规范性机制来源于职业群体，模仿性机制是对不确定性的反应。[32]迈耶和罗思指出，组织经常对环境中的许多需求进行反应。[33]

组织对于制度压力，不完全是被动的，还可以是主动的。奥利弗认为，组织对制度压力的反应可以从被动的遵守到积极的抵抗，如采用顺从、妥协、回避、对抗、控制等战略。[34]古德斯塔认为，组织规模越大，默认反应的程度越高。[35]布恩、保威和博塞利等则认为，企业对制度压力的反应有遵从、创新、违抗。[36]

2.1.1.3 制度理论的战略管理学派观点

企业战略是关于企业的决策，包括国际化战略、多元化战略、并购战略、企业社会责任战略、创新战略、关系战略、市场战略、战略联盟、网络战略等。

企业之间所拥有的资源和行业条件的差异会导致企业之间的竞争优势的不同。然而，一些跨国公司在不同国家会采用不同的战略，因为不同国家有不同的制度环境。

制度理论的战略管理学观点的主要代表人物有彭维刚、王燕良、江怡、希思及国内一些学者。制度理论的战略管理学观点引入的构念主要有关系战略、制度基础观。

彭维刚和希思强调制度理论要与企业战略管理结合。他们认为，在转型期通过集群或者与其他组织建立网络，企业能够获得成长。[37]因此，企业采用关系战略是适合转型期的制度环境的。

制度不仅能作为企业制定战略的环境，还能作为影响企业战略的前因变量。吴小节、彭韵妍和汪秀琼通过内容分析法发现，制度观点的战略管理学论文有一半以上将制度作为前因变量，而不是调节变量。[38]

彭维刚、王燕良和江怡认为制度基础观与资源基础观具有同等地位，可以影响企业国际商务战略。[39]他们还认为国际商务的制度基础观已经形成。彭维刚强调亚洲国家商务战略的制度基础研究。[40]王晓静基于制度基础观，认为政府支持政策是推动企业实行国际化战略的重要因素。[41]同样，邹国庆和王京伦认为制度可以影响企业战略。[42]为了保证战略的合法性，企业除了应考虑经济效率外，还应该考虑制度因素。例如，地方性国有企业需要在制定战略时考虑地方政府的期望。[43]

2.1.1.4 制度理论的总体阐述

制度经济学派观点强调制度约束下的经济交换活动并引入信息不对称、不确定性、有限理性、机会主义行为、交易费用、产权约束、路径依赖、政府干预等变量。新制度经济学从交易成本出发分析了不同制度下的组织效率，并得出制度是会演化的。

根据制度理论的组织社会学派观点，制度是一种社会系统。其有关重要构念包括制度、制度化、合法性、制度压力、规范、规则、制度反应等。组织社会学派观点强调，企业除了追求经济效率外，还需要考虑许多非经济因素，而制度正是一种非经济因素。企业的很多行为是对制度的反应。其中组织外部制度会影响决策者的行为[44]及组织的结构。[20]

制度理论的战略管理学观点引入的构念主要有关系战略、制度基础观。其主要强调企业战略要与制度相结合，在亚洲转型国家经营的企业尤其要考虑制度环境。只有考虑环境中的非正式制度和正式制度的约束条件，企业才能制定出正确的战略。

以上三种观点分别将制度理论与经济学、组织社会学、战略管理学相结合。中国转型期要求企业要根据制度环境采用合法的行动和正确的战略，减少不确定性，获取经济的和非经济的收益，以保证存活，争取实现可持续发展。这正如王佐国、拉蒙德和沃姆认为的，企业组织偏好确定性、存活性和可持续性是制度理论的核心。[17]

2.1.2 动态能力理论

近年来，动态能力理论受到许多战略管理学者的青睐。研究内容涉及动态能力的内涵、动态能力的构成、动态能力与竞争优势的关系、动态能力与企业持续发展的关系、环境不确定性与动态能力的关系、组织学习与动态能力的关系等。

2.1.2.1 动态能力的内涵

许多学者参与了动态能力内涵的讨论，然而并没有达成一致的意见。一些学者把动态能力看作一种特殊的能力。例如，贾奇、诺莫夫和道格拉斯认为动态能力是一些最有价值的和稀少的组织能力。[13]蒂斯、皮萨诺和淑恩认为，当组织能整合、建立和再造其内部和外部的企业特有的能力来对变化的环境进行反应的时候，组织具有动态能力。[45]菲普斯、普列托和维玛认为，动态能力指组织创造、重塑和吸收知识、技巧和能力的能力。[46]然而，这种定义存在同义反复性。

还有一些学者认为动态能力是一个过程。例如，艾森哈特和马丁认为动态能力是企业使用资源的过程，尤其是整合、重构、获取和放弃资源的过程，以利用甚至创造市场变化。[47]因此，动态能力是由一系列具体的、可识别的流程组成的。艾阿李和蒂斯认为，动态能力是基于对商业环境的前瞻性认识和对企业历史、文化、惯例的后向理解，达到在正确的时间做正确的事情。[48]此外，有些学者还结合环境机会和过程角度定义了动态能力。例如：动态能力是感知方向、做好准备、转型并抓住机会。[49]蒂斯把动态能力分解成感知环境及企业本身在商业生态系统中的位置、抓住机会及对威胁进行管理，并不断实现转型的三个过程。[50]江积海、刘敏认为动态能力具有广度、深度和演化速度等属性。[51]这些属性是动态能力内涵的一部分。

2.1.2.2 动态能力的构成

学者们对于动态能力是多维的构念达成了共识。然而，对构成动态能力的具体维度没有达成统一的意见。总的来说，适应能力、整合和重构能力、环境机会能力被认为是动态能力的因子。

适应能力被许多学者认为是动态能力的因子。例如：温特认为动态能力包括企业生存能力、适应能力、创造新能力的能力。[52]王凯瑟琳和阿曼德认为动态能力包括适应能力、吸收能力和创新能力。[53]与之类似的有，祝志明、杨乃定和凯瑟琳等认为动态能力是自适应能力、吸收能力和重构能力。[54]

整合能力和重构能力被一些学者认为是动态能力的因子。例如：蒂斯、皮萨诺和淑恩识别了协调/整合能力、学习能力和重构能力。[45]与此类似的有，阿里、彼得斯和莱蒂斯认为动态能力是由整合能力、再造能力和更新/重建能力组成的。[55]

环境机会能力被一些学者认为是动态能力的因子。例如：吴航认为动态能力包括机会识别能力和机会利用能力。[56]机会识别能力的另一种表述是洞察环境机会的能力。唐孝文、刘敦虎和肖进认为环境洞察力是动态能力的因子。[57]

在以上文献中，动态能力都被认为是一阶构念，然而，也有学者将动态能力看作二阶构念。例如马克科宁、颇约拉和奥尔科宁等将动态能力划分为重构能力和革新能力，其中重构能力包括组织学习能力，革新能力包括感知和捕捉机会能力。[58]

除了对动态能力的构成进行阐述外，学者们还把动态能力分为许多种类。例如：安布罗西尼、鲍马和科丽区分了不同的动态能力，包括渐进的动态能力、更新的动态能力和再生的动态能力。[59]王光平、窦文宁和朱伟春等将动态能力归纳为创新能力、信息能力和关系能力三种。[60]

2.1.2.3 动态能力有关命题

首先，动态能力与竞争优势紧密相关，它可以促进企业竞争优势。[61]这是战略管理的命题。此外，张韬认为构成动态能力的吸收能力和创新能力是形成企业竞争优势的重要因素。[62]动态能力是竞争优势来源的能力和资源的组合，[32]是组织长期竞争优势的基础。[48]

其次，动态能力对于企业的持续经营有重要的促进作用。安布罗西尼、鲍马和科丽认为渐进动态能力与组织逐渐地、持续地改进资源基础有关。[59]维罗纳和拉瓦西认为动态能力和组织的适应及创新紧密相关。[63]

再次，环境不确定性与动态能力有关。蒂斯认为环境不确定性可以促进企业动态能力的形成。[64]郝晓明、郝生跃也持同样的观点。[65]在低竞争环境中是有弱的动态能力。除此之外，还有学者将环境不确定性作为调节变量进行研究，并得出环境不确定性正向调节动态能力和企业绩效之间的关系。[66]类似的还有，动态能力和企业绩效的关系受环境动态性的调节。[67]

最后，组织学习与动态能力的关系得到了学者们的关注。第一种观点是，动态能力包含组织学习能力。[68]第二种观点是，动态能力可以促进组织学习。[69]第三种观点是，组织学习可以促进动态能力。[70]李翔、陈继祥和张春辉研究得出，不管是探索性学习还是利用性学习，都对动态能力有显著正向影响。[71]

2.1.2.4 动态能力理论的评述

国内外广大学者为动态能力理论贡献智慧，与近些年来国内外环境快速变化及经济全球化有紧密关系。该理论是关注环境分析和竞争优势的战略管理学的基础理论。动态能力理论强调企业要重视组织学习、整合资源等，以提高企业动态能力，获得持续经营。

中国转型期的环境不确定性比较大，企业通过组织学习追求良好的组织健康进而获取良好的企业绩效，而动态能力理论则是某恰当的基础理论。此外，在环境动荡的时期，动态能力是企业组织健康的根本要求。然而，动态能力很抽象，即使在中国有很多关于动态能力理论的文献，也难以真正透彻地理解它。因此，动态能力理论对企业如何保持组织健康具有有限的指导意义。

2.1.3 利益相关者理论

1963 年，作为股东的对应物，利益相关者的概念首次被斯坦福大学的一个研究小组提出。根据弗里曼的观点，利益相关者既可以是个体，也可以是群体。他们能够影响组织目标的实现，或者影响组织实现其目标的过程。[72]因此，企业利益相关者包括员工、董事会、供应商、债权人、银行、客户、媒体、政府部门等。甘昌盛、顾晓敏认为环境是特殊的利益相关者。[73]为了生存和发展，企业与各方保持良好的关系是极其重要的。在转型时期，中国企业除了要关注员工利益外，还特别需要考虑各级政府部门。利益相关者理论可以从描述性观点和工具性观点两方面进行归纳。

2.1.3.1 利益相关者理论的描述性观点

利益相关者理论的描述性观点只是描述企业的利益相关者，以及描述那些考虑利益相关者的利益的战略的特征。

不同学者对利益相关者的归类不同。克拉克森认为，利益相关者有主要团体和次要团体。[74]类似地，陈宏辉、贾生华根据主动性、重要性和利益要求的紧迫性，将利益相关者分成核心(股东、员工、管理人员)、蛰伏(供应商、债权人、政府、消费者等)和边缘(社区、特殊利益相关团体)三类。[75]米切尔和伍德根据影响力、合法性和紧迫性把利益相关者分成潜在型、预期型和确定型。[76]卡西尼斯和瓦菲亚则识别了社区利益相关者、规制性的利益相关者、组织的利益相关者和媒体这四种关键的利益相关者。[77]赵修春将利益相关者分为核心型、战略型、参与型及环境型。[78]

利益相关者的利益最大化的战略有人力资本战略、市场战略、财务战略等。采用共同治理模式、共同分享利益、经济效益和社会效益等兼顾是利益相关者利益最大化的财务战略的特点。[79]

2.1.3.2 利益相关者理论的工具性观点

琼斯建立了利益相关者管理的工具性理论。[80]工具性的观点是考虑利益相关者利益的企业比那些不考虑利益相关者利益的企业更加成功。弗罗玛认为利益相关者能够直接地或者间接地影响企业。[81]假设在保持其他所有变量一定的情况下，实施利益相关者管理的企业在利润、稳定性、成长性等方面将相对成功。普列戈、利扎诺和马德里认为利益相关者会影响价值增值活动和分配活动，从而影响企业。他们还指出，股东恢复投资的能力、员工增加生产力的愿望、消费者忠诚或者信任是帮助企业避免商务失败的关键因素。[82]胡建锋认为企业的生存和发展是利益相关者投入的结果。因此，企业追求利益相关者的整体利益。[83]陈宏辉和贾生华认为，从不考虑利益相关者要求的企业即使暂时获利，也无法保证持续发展。[84]因此，为了生存和发展，企业在经营管理中，不仅要遵守法律，还要遵守企业伦理。[85]

综上所述，利益相关者理论要求企业要满足利益相关者的合理要求。然而，企业对利益相关者的合理要求的满足有没有先后顺序？如何满足不同的利益相关者的合理要求？针对这两个问题，该理论揭露得还不够透彻，利益相关者之间的利益难以协调。不可否认，该理论提供了一个从利益相关者出发评价企业组织健康程度的视角。

2.1.4 综合评价

制度理论和利益相关者理论都是企业健康发展的基本理论，这两个理论在本质上是相通的。利益相关者理论对不符合已被大家认可或接受的规则和标准的企业，持否定态度。而制度理论强调企业的合法性。苏冬蔚和贺星星认为，制度是平衡企业各利益相关者的工具。[86]制度理论和利益相关者理论都认为企业要适应环境，否则企业将难以生存和发展。制度理论和利益相关者理论的区别在于，制度理论更加关注制度环境，以及企业行为的合法性和合规性。利益相关者理论要求企业要满足利益相关者的合理要求。

动态能力理论起源于西方国家，因此在中国情境下对企业组织健康进行解释和应用，还需要进一步检验。如果能够整合这些理论，提出中国企业组织健康的模型，并构建中国企业组织健康的一些命题，将极大促进和深化企业组织健康的学术研究。

2.2 中国转型期相关研究回顾

在转型期，代表自由、创新的中小企业数量不断增加。[87]因此，中国从计划经济体制向市场经济体制转变，同时商品也日益丰富。在计划经济体制下，商品短缺，人们购物困难，而现在人们不需要担心买不到商品。当前，中国市场的繁荣与政府的强大权力并存。[88]褚敏、靳涛指出，国有垄断利益集团对经济具有高度影响，政府对经济进行高度干预。[89]此外，社会阶层的固化、[90]家庭的变化、[91]网络信息的不确定性、[92]企业道德状况、[93]政企关系、[94]中国投资行为[95]等都引发了学者们的研究兴趣。

2.2.1 中国转型期存在的问题

在中国转型的过程中，人们真真切切地感受到整个社会存在的一些问题。例如计划经济时期没有假货，现在市场充斥着假货。此外，现在虚假广告、诈骗、权力寻租等现象也不少见。

基于此，学者们开始关注心理失衡问题[96]、民众公平感问题、[97]道德建设问题、[98]政府信用问题、[99]腐败问题、[100]环境维权问题、[101]环境治理问题、[102]产能过剩问题等。[103]

有学者指出转型期社会诚信缺失，[104]公司欺诈和不道德问题会极大地威胁经济。[105]因此，一些学者强调企业要承担社会责任。[106]中国转型期虽然经济增长，但是环境污染严重，[107]韩跃民指出中国转型期存在生态利益矛盾。[108]

针对社会转型期问题，一些学者研究了解决措施。宋海春、张桂英强调诚信建设不应只是道德范畴，还应赋予经济和法律规则。[109]吕风勇认为中国转型期需要进一步破除垄断，促进公平竞争。[110]还有一些学者思考了引发问题的原因。龙硕、胡军认为，环境污染问题是地方政府和企业共同作用的结果，地方政府和企业都有责任。[111]郭志仪、郑周胜认为财政分权和晋升激励改革造成了环境质量恶化的问题。[112]邵传林论证了扭曲化的政企关系正向影响地方官员的腐败。[113]

中国转型期存在的问题与企业的行为有紧密的联系。企业的健康发展将减少许多存在的问题。企业组织健康问题是转型期的突出问题，但现有文献几乎没有直接提出转型期中国企业存在的组织健康问题。

2.2.2 中国转型期企业的战略

在中国转型期的背景下，企业在做任何战略决策的时候都要考虑制度因素。学者们对该背景下企业的关系战略、市场战略、财务战略等开展了研究。

法乔、马苏里斯和麦康奈尔认为，在经济转型期，企业政治联系是企业获得竞争优势的重要来源。[114]同样，董明指出，转型期企业除了要进行市场竞争外，还要进行非市场竞争。[115]邹国庆、王京伦认为中国转型期存在双重制度报酬，即市场契约报酬和关系契约报酬。[42]这意味着在转型期背景下，中国企业应该综合运用市场战略和关系战略。胡湛湛实证了制度环境的不确定性对纵向整合企业战略的影响。[116]企业债务期限结构是财务战略的内容。李健、陈传明实证得出，中国转型期企业债务期限结构受企业家政治关联的显著影响。[117]

预测中国转型期企业外部环境的变化趋势，研究转型期影响企业组织健康的关键变量，提出促进企业健康的措施，都将极大地丰富中国转型期企业战略的文献。

2.3 健康、学校组织健康相关研究回顾

健康的概念最早应用于人类，后来逐渐应用于各类组织(包括学校、企业等)。20 世纪 60 年代，学校组织健康被提出。健康相关研究、学校组织健康相关研究是企业组织健康相关研究的源头。

2.3.1 健康相关研究

在古代，不同文化对健康的理解是不同的。布兰农和弗斯特[118]9指出：巴比伦人认为健康是神将疾病作为惩罚而受到危险；古希伯来人认为健康是来自上帝的一件礼物；古希腊人认为健康是身体和精神的整体统一；古中国人认为健康是自然力量的平衡；古罗马人认为健康是没有病原体，例如差的空气，法国的笛卡儿认为健康是身体的一种状态，健康与心灵是独立的；德国人认为健康受到微观生物的威胁；维也纳的弗洛伊德认为健康受情绪和心

灵影响。

在美国，最初健康的定义是没有疾病。这样，任何疾病和损伤都意味着不够健康。这个时候，对由病原体引起的疾病和相应药物的关注甚过对健康本身的关注。根据世界健康组织（World Health Organization，简称WHO）的定义，健康是一种状态，涵盖身体健康（例如正常的血压）、精神健康和社会健康（例如有较高的社会生产力）。后来，WHO还补充了道德健康。随着社会发展，健康的定义朝向积极的方向移动，而不仅仅是没有疾病。由此可以发现，健康是一个过程，而一个人的健康包含生理的健康、精神的健康、社会适应良好、遵守道德。健康意味着个人身体有正常的生理机能、能生活自理、有良好的心理状态和合乎规范的社会行为。从此，健康得到关注，由生物体、心理、社会因素共同作用的慢性疾病得到重视。

不同学科的许多学者都投入健康的阐述中。医学上，健康是器官组织没有异常。乌云特娜和七十三指出心理学应关注精神健康。[119]雷夫和沈格认为健康超越医学，是一种对美好生活意义的心理定位。[120]健康描述我们活跃和享受生活，以及在逆境中成功应付和存活的能力。[121]以上对于健康的定义都是建立在人类是社会环境中的生物有机体的假设基础上的。任丑从哲学角度指出：健康帮助人做出道德选择，是一种正面价值；健康是客观的自然事实，用客观特征和客观标准判定；健康是拥有达到生命目的的各种功能的能力。[122]顾大男和曾毅根据生活自理、上下肢功能、慢性疾病、认知等因子，将老人健康状况进行分类，除了健康纯类外，还有四种非健康纯类——比较健康、功能受限、体弱多病、极度虚弱。[123]此外，顾大男还描述了中国老人不同健康程度的群体特征。[124]

过去，有学者认为测量健康只要根据外部可观测的特征进行测量就可以，不需要依赖主观评价。[125]其实，主观评价和外部观察都是测量健康的方法。顾大男就认为测量健康状况可以用自评，也可以用预期寿命等指标，甚至还可以用生活质量等指标。[126]

影响健康的变量有很多，例如病毒、营养、个性、饮食、旅游、锻炼、空气、公共卫生政策、婚姻状态等。最初，自然环境中的病原体被认为是影响健康的主要变量。其实健康还受生物标记影响，例如，左撇子老人的健康状况比右撇子老人的健康状况差。[127]随着发展，健康受个人工作行为、非工作时候的行为(例如吸烟)和生活方式的影响的观点被学者们认同。顾大男认为健康受旅游、健身锻炼的正向影响,[128]也受婚姻的影响。[129]当然,健康还受人际关系的影响。同时,健康还受社会文化(例如包容性、对人的尊严的尊重等)的影响。更广泛地说,健康还受个体与环境之间的交互作用的影响。

健康的后果变量主要有工作能力、工作效率、寿命等。健康与寿命有关,[130]也与工作能力和富有成效紧密相关。[131]从根本上说,各种健康护理,例如预防、诊断、治疗和康复都是为了获得尽可能长的寿命。

总之,和健康有关的学术论文主要属于生物医学、人类学、心理学、社会学学科。追求健康长寿是整个人类的共同目标。越来越多的人为了维持健康而进行运动、戒烟、控制饮食、参与社区活动等。政府机构也提出全民健康战略,提供促进全民健康的社会环境。这些关于健康的内涵、因素、种类、前因后果变量等内容对企业组织健康的研究有一定的启发意义。

2.3.2 学校组织健康相关研究

学校是带有一定公益形式的社会组织。研究学校组织健康的学者主要有麦尔斯、霍伊等。霍伊和费尔德曼认为学校必须获得充分的资源和成功适应它们的环境,设置和执行目标,保持凝聚力,维持价值体系。[132]学校组织健康是描述学生、教师和管理者人际关系的一个的构念。[133]他们还指出健康的学校在执行其各种学校功能时应该是有效的。

有一些学者研究了学校组织健康的因素。[134]他们认为学校组织健康的因素包括制度的健全、创始结构、资源分配、负责人领导力、学术强调、风气、充分沟通、分享、参与、忠诚、士气、组织声誉、道德规范、共同的组织目标、培训与发展、资源利用和支持、教师合群、学业强调等。国内外学者提出的这些因素很广泛,但有些因素之间存在兼容性,可以进一步提炼。

有些文献认为,学校组织健康的前因变量主要有信任。利卡塔和哈珀认为高中教师对校长和他们同事的信任与学校组织健康之间显著正相关。[135]学校组织健康的后果变量有学校有效性、学校愿景。霍伊和弗格森认为组织健康和教师感知的学校有效性之间显著正相关。[136]利卡塔和哈珀得出学校组织健康与他们感知的坚定的学校愿景之间正相关。[135]

与学校组织健康有关的另一个概念是健康的学校组织。一些学者描述了健康的学校组织应该具备怎样的特征。例如，迈尔斯认为健康的学校组织应该有生存能力，能适应环境，进而获得发展的能力。[137]霍伊和弗尔德曼认为健康的学校是技术、管理和制度均处在和谐水平。[132]霍伊和汉纳姆认为，在健康的学校中，学生、教师、管理者和社区合作且建设性地一起工作。[138]他们还认为，健康的学校往往以有相对高的教师承诺、有效的专业实践和有效的学生学习为特征。

2.4 企业组织健康的相关研究回顾

按照健康研究层次，健康可以分为员工个体健康、团队健康、企业组织健康、企业生态系统健康等。医学、心理学着重于研究人的健康。一些学者研究企业生态系统健康或者企业的全球供应网络健康。然而，企业组织健康的主要是指整个企业组织层面上的健康，而不是企业内部具体职能部门、项目团队、员工个体的健康，也不是企业外部生态系统、供销网络的健康。现有文献对企业组织健康的内涵、构成因素、程度衡量、前因后果变量等有一些研究。

2.4.1 企业组织健康的内涵

在国外，企业组织健康从最初强调员工的健康、健康的工作环境、协调的工作系统，逐渐转向强调宏观的气氛和价值、融入心理和社会等因素。

不同的学者对企业组织健康有不同的看法，至今没有形成统一的定义。企业组织健康的概念在衍生过程中有强调状态、强调过程、强调状态和过程三种观点。

第一种观点认为企业组织健康是一种状态，聚焦于企业组织健康应该具备的特征，是回答企业组织健康是什么（what）的问题。状态论认为企业组织健康是一个结果。莱登和科林格勒认为公司文化、组织的压力、组织的承诺和雇员士气等抽象因素都被包括在组织健康的概念中。嘎姆巴斯、贝尔托斯和里昂将组织健康定义为精致的客户服务、团队工作、开放的交流、成长和提升的机会、健康的物理环境、精选的雇员（employer of choice）、投入和承诺的员工、社区参与及学习的组织。[139]这其实是在描述健康的组织特征。准确地说，这是在描述卓越的组织特征。西伐坡拉格萨姆和拉雅将组织健康定义为当它的管理是有效率的，价值是驱动的，团队工作文化和人力资源实践是统一的，会带来想要的结果，同时可以驱动雇员和组织的业绩。[121]他们强调效率、结果，并将业绩作为组织健康的内在要求。谢尼迪斯和舍查柔丝认为组织健康是全部正式的、非正式的、主要的和辅助的组织流程的完全和畅通无阻的经营状态。[140]基于状态的企业组织健康观存在以下问题：首先，状态不能体现出过程，例如雇员士气低落，也无法知道是什么因素导致该结果，因此也就无法有的放矢地纠正。其次，状态性指标不能用于预防，只能用于诊断。

第二种观点认为企业组织健康是一个过程。此观点界定企业组织健康时，围绕企业组织不断应对的环境、变革转型、不断成长等方面展开研究。过程论认为企业组织健康是动态变化的，企业在发展的不同阶段有不同的健康状态。劳里和汉格斯认为企业组织健康是"持续的组织发展"的一部分。[141]还有一些学者从企业能力角度来阐述企业组织健康。贺爱忠、聂元昆和彭星间认为企业组织健康是创新力和控制力的动态统一。[142]他们强调创新和管控。但在讲情理、"棒打出头鸟"的中国文化中，将健康等同于创新和管控的能力的统一却不一定合适。比斯瓦斯·乌尔米和比斯瓦斯·萨斯瓦塔认为组织健康是决定组织在商务环境中有效运作、处理外部环境时施加的变化及从中成长的能力。[143]该观点结合环境强调组织的有效性和转型能力，值得借鉴。有时候企业在平稳的环境中是健康的，而在出现环境大变化时，则会缺乏转型能力而死亡。因此，组织健康一定要结合环境，并重视转型能力，这些都是组织健康所必需的。组织健康包括企业有效运营、发展的能力。实际上，健康是能力的基础。还有一些学者根据组织健康内部成分之间的关系来阐述组织健康。[144]动态论指出企业组织健康会变化，这意味着健康可能改善，也可能恶化，而且健康变化极小也是可能的。以上这些学者的研究虽然侧重点不同，但对组织健康的理解都包含动态思想。然而，他们都只是在给组织健康下定义时融合了动态性，没有研究企业组织健康的变化或演化，即没有回答怎么样解决问题(how)。为了更好地研究企业组织健康是如何变化的，仅仅认为企业组织健康是一个过程是不够的。

第三种观点认为组织健康既是状态，又是过程。将组织健康看作既是状态，又是过程，我们就不难理解看似矛盾的观点。例如，王兴琼、陈维政认为环境适应性、自我调节性、学习创新性、持续成长性等是组织健康的属性。[145]属性是固有的特性,是状态;而适应、调节、学习、创新、成长等则体现过程。凯勒、普拉斯认为组织健康的关键属性是协调一致、执行力和自我更新能力。[3]协调一致、执行力和自我更新能力都是状态,但是协调、执行、更新都是过程。这样,企业一方面可以维持组织健康的良好状态,一方面可以通过过程管理提升组织健康的状态。本书的研究认同组织健康既是状态又是过程这个观点。

2.4.2 企业组织健康的因素

企业组织健康的因素是构成企业组织健康的基本单元,识别健康因素则是测量企业组织健康的基础。在与一些教授的交流中,我感觉到,现阶段对组织健康因素还缺乏统一的认识。有人从人体医学角度质问我:"研究人体健康,会具体到器官。那么你研究的是企业的哪块组织的健康?"本书研究的对象是整个企业组织范围内的健康,不是具体部门、项目团队的健康。医学上,组织健康的因素能够按各个组织系统来划分。然而,本书的研究对象不是企业某个系统,如信息系统、财务管理系统、人力资源管理系统、危机预警系统的健康等。有人从结果角度,认为组织健康因素应该是组织目标和员工目标的实现。换句话说,组织健康因素应是组织有效和员工满意。但本书认为组织有效和员工满意处于不同层次,员工只是组织内部的资源之一,奎克、马西克·弗雷和库珀强调组织活力、生命力、生产力。[146]换句话说,企业的存活、发展、效率是组织健康的因素。这样的划分比较简洁,并且具备一些动态的思想。赵湘莲、韩玉启认为高科技企业组织健康因素除了包括活力度、生产性、成长性外,还包括收益性、安全性。[147]这些因素都强调结果,因为健康的企业特征是有活力的、生产效率高的、能不断成长的、收入是高的。

有的学者强调沟通、协调、团队导向、组织文化等。刘中文给出了许多中国企业组织健康的因素,例如团队管理、企业内部沟通等。[148]凯勒、普拉斯认为组织健康的因素包括协调与管控、文化和氛围、发展方向、领导力、责任、能力、动力、外部导向、创新和学习。[3]兰西奥尼提出组织健康的基本要素是团队精神、领导力、文化、战略和会议。[2]以上学者都提到氛围、发展方向、责任、能力、动力、文化、战略等可作为组织健康的因素,我很赞成但不完全同意会议作为组织健康的因素。因为中国的一些企业并不缺少会议。会议不是健康因素，而是能看出存在健康问题的场所。维穆伦、普兰纳姆和古拉蒂强调组织健康因素包括沟通和协作质量、适应能力、权力平衡。[149]这些因素主要着眼于企业内部，在某种意义上说是强调过程。企业往往要在组织层面上制定组织发展方向，营造责任、协调、合作的组织文化，激励员工等。只有这样，才能内部沟通良好、适应环境。

有的学者强调社会和谐、社会责任。和谐意味着员工之间、企业与环境之间友好相处。而社会责任则意味着企业首先要遵纪守法、努力存活，之后回报社会。刘中文指出，许多中国企业组织健康因素包括和谐相处、社会责任等。[148]杨震宁和王以华认为组织健康的因素包括了社会和谐性、环境适应性等。[150]这些因素主要着眼于企业在社会中的定位。王兴琼认为企业组织健康的因素除了包括企业绩效、员工健康外，还包括社会效益。[151]有些因素并不在组织层面，却被认为是组织健康的因素。结果导致组织健康因素的划分过于宽泛。

还有的学者强调企业精神、组织能力。例如，孟宪忠、王汇群认为企业健康除了包括结构健康、行为健康、作风健康，还包括精神健康、能力健康。[152]这些因素比较全面。许晓明、戴建华认为企业组织健康因素包含企业精神、各种资源及获取、筛选、利用、反馈资源的能力。[153]张晓玲、王文平和陈森发等研究得出，影响知识型企业健康的关键因素有健康保持能力、自修复能力等。[154]这些因素包括了企业的本身追求，以及在环境中生存和发展所要具备的能力。他们同时从内部和外部两方面揭示了企业组织健康应包含的内容。王鑫强调，组织学习能力、创新能力、变革能力等是组织健康的因素。[155]

还有学者将工作环境、个体幸福(well-being)、对组织成功重要的行为(behaviour important for organizational success)、自觉性(conscientiousness)作为组织健康的因素，用感知的工作任务、角色明晰(role clarity)表示工作环境。[156]林德伯格、温格德指出合理的工作任务是员工认为的组织健康的重要因素，[157]并且用心理沮丧(psychological distress)和工作满意(job satisfaction)表示个体幸福，用情境业绩(contextual performance)表示对组织成功重要的行为。从员工感受、员工心理角度来评价组织健康有一定的意义。然而，自觉性是人们的个性，不能作为组织健康的因素。

在以上这些关于企业组织健康因素的文献中，只有少数学者用了问卷调查法并对数据进行了统计分析（如因子分析），绝大多数学者只是应用了直观思维或者逻辑分析等。在以上这些关于企业组织健康因素的文献中，国外学者更多强调领导力、管控、动力、效率、创新等，中国学者更多强调组织作风、社会和谐等。国内外学者都强调的有精神、组织能力等。如果能够从组织层面，结合中国情境、结合定性分析和定量分析方法。从组织局内人和局外人视角分别论述组织健康的因素，将极大丰富该类文献。

2.4.3 企业组织健康程度衡量

随着研究的推进，近几年有一些文献对企业组织健康程度的测量进行了关注。企业组织健康程度的衡量通常用定量法。凯勒和普拉斯认为组织健康是可以衡量的。他们还认为任何组织都需要在组织健康所包含的各个要素中全部达到一定的标准，即以同行管理实践得分最低的四分之一为界限，企业每个管理实践的得分都要高于该界限。他们列出 37 个管理实践，构建组织健康指数并开展调研。这种衡量组织健康程度的方法，给其他学者带来了启发。然而，为什么以同行管理实践得分最低的四分之一为界限，他们没有说明。

在中国转型期，我们对企业组织健康的标准可以适当降低，也许用以同行管理实践得分最低的百分之十五为界限是妥当的。王兴琼运用问卷调查法，以及企业绩效、员工健康、社会效益三个分量表测量了组织健康。她对问卷数据进行了因子分析，并分别计算企业绩效得分、员工健康得分和社会效益得分，之后计算了这三个分数的算数平均值，得出的数值即为企业组织健康得分，并以该得分判断企业的组织健康程度。[151] 首先，该思路虽思考全面，但是三个分量表处于不同的层次。企业绩效处于企业组织层次；员工是企业的重要构成部分，因此员工健康处于企业内部层次；社会效益处于企业外部层次。用它们测量企业组织健康不一定合适。其次，她不仅假设了组织健康是可测量的，还通过调查、分析数据、列式等计算了组织健康得分。这将测量组织健康程度往前推动了一大步。不过，将三个因素按相同权重来计算组织健康的做法，是欠妥当的。判断企业组织健康的程度可以用组织健康指数。吴晓波、袁岳和冯曦尝试构建了中国企业健康指数[158]32，但是其从影响企业组织健康的力量出发，将商业环境也作为企业组织健康指数的一维变量，不太妥当。因此，现在需要更多的学者来关心企业组织健康指数的构建。吴晓波、陈学军指出，企业健康的三个维度得分高低及维度之间的得分差距可以作为标准来评价企业健康发展阶段。[159]24但是，他们对初级、中级和高级阶段的划分标准比较模糊，傅为忠、刘彦华和金韬组织了安徽省合肥市的不同创新型企业的员工，并对其所在企业的健康程度进行了模糊综合评价。[160]他们的研究集中于国内某个区域某一类企业，这种思路有一定的可取性，但难以推广到更大范围的更多种类的企业。时勘、周海明和朱厚强等指出组织内外部多测度评价企业组织健康能避免评估结果的"同源效应"。[161]多测度评价组织健康观点，虽然在获取全面数据的操作上有一定的困难，但是这种思路有进步性，值得借鉴。

除了定量测量法、定性方法外也可以粗略衡量组织健康。王兴琼认为企业组织健康有多种类型，如"理想型""企业绩效社会效益兼顾型""企业绩效员工兼顾型"这几类组织健康程度高于"唯利型""社会效益员工兼顾型""社会型""员工型"和"糟糕型"组织健康。[162]杨东雄指出企业组织健康程度衡量标准是组织内抱怨的程度。[163]然而，他没有深入分析如何衡量抱怨的程度。赵湘莲、韩玉启指出高科技企业的健康度测量结果有超健康、健康、亚健康、不健康几类。[147]

如果能够从多角度提出测量组织健康程度的步骤、题项、评价标准，将极大丰富组织健康文献。如果能够将组织健康程度按照评价标准进行更加详细的分解，将更有实践意义。无论是定性分析方法还是定量分析方法，如果能结合转型期背景给出测量组织健康度的模型，将增加本书研究的理论价值和实践价值。

2.4.4 组织健康的前因变量

个体层面的变量，如领导个性特点、领导风格、领导力、授权行为、员工行为方式等，对企业组织健康有重要影响。团队层面的变量，如团队合作和团队冲突等，对企业组织健康有重要影响。内部组织层面变量，如工作特征、工作背景、组织结构、组织公正、信息技术、组织战略等，对企业组织健康有重要影响。外部环境层面变量，如行业关系、业务伙伴、环境要素等，对企业健康有重要影响。

总经理/领导可以影响企业组织健康是无疑的。莱德通过银行案例研究发现，经理的承诺可以影响组织健康。[164]而影响总经理/领导对组织的投入和承诺的重要因素是他们的身体健康和心理健康。总经理/领导的身体健康和心理健康对组织健康除了有间接效应外，还有直接效应。有些学者已经指出了直接效应。鲍斯认为，总经理/领导的身体健康对组织健康是重要的。[165]而总经理的心理健康则会直接影响组织的健康。总经理的心理健康除了通过组织投入、承诺等影响组织健康外，还会通过领导风格影响组织健康。其中领导风格本身也会影响组织健康。邢雷、时勘和刘晓倩发现领导授权行为能促进组织健康。[166]更加广泛的说，总经理/领导的性格特征也会影响到组织健康。[167]性格特征实际上属于心理学范畴，不同的性格表现出不同的领导风格、做事方式、胸襟、能力、责任心等，不同的性格与不同的血型对应。有诚信、勇气和激情的领导者对组织健康有正向影响。[146]但在有些企业中，中层领导本身存在虚伪、不负责任、欺上瞒下，或默许下面员工撒谎行为。佩里和巴尼指出组织业绩谎言不利于组织健康。[168]这些文献识别了大量的关于总经理/领导的变量，这些变量相当重要。不可否认，总经理/领导的品德、性格、能力、健康状况可以极大地影响企业的生存和发展。然而，由于测量这些变量极其困难，因此绝大多数文献采用了定性分析或者逻辑推理的方法，这缺少严谨性。另外，识别这些变量是在个体层面上，而不是在组织层面上，这不利于构建组织健康的理论模型，更不利于运用回归技术验证模型。

一些学者研究了团队层面的变量与组织健康的关系，这比在个体层面进行研究有进步。陈维政和王兴琼用调查研究法和多元线性回归技术研究得出，团队合作及团队冲突对企业组织健康有正向影响。该研究特别指出，团队冲突对组织健康有正向影响，需要明确冲突的类型，例如建设性冲突，否则会得到其他学者的质疑。[169]帕特森指出未解决的冲突对组织健康有负面影响。[170]萨克斯维克、特维特和奈闽等用扎根理论进行了定性分析，他们认为雇员的多样性、建设性的冲突能带来组织健康转型。[171]兰西奥尼认为有凝聚力的领导团队可以促进组织健康。[2]然而，团队层面从属于组织，与组织不在同一层面上。

一些学者研究了组织层面的变量对组织健康的影响。纳德勒认为基于任务导向的而不是层级导向的新型的组织形式能促进组织的健康。[172]然而，这仅仅强调了组织的物理结构。如果补充强调制度结构、流程结构、股权结构等，就会更加丰富结构的内涵。海因、高尔和菲利帕基斯认为要运用信息技术来保证组织健康，而且，组织中的战略计划和控制应该以更加预防性的姿态集中于组织健康维持。[173]他们不仅强调了组织健康维持的重要性，还揭示了信息技术、组织战略对组织健康的影响。林斯特龙也认为组织战略能影响组织健康。[174]劳里和汉格斯认为组织公正的影响组织健康。[141]威尔逊、德乔伊和范登堡认为组织结构影响组织健康。[175]然而，他们都只是提出观点，没有进行实证，也没有给出组织战略、组织公正等变量的测量方法。图安假设并实证了向上影响（upward influence）对组织有利的行为（organizationally beneficial behaviors）正向影响组织健康。[176]向上影响对组织有利的行为是从低层个体向更高层个体影响，有利于组织可持续发展的行为。吴经文验证了组织认同对组织健康的影响。[177]

外部环境层面的变量对组织健康的影响得到了一些学者的注意。兹维斯洛特认为业务伙伴可以影响组织健康。[131]此外，物质的和社会的工作环境条件也可以影响组织健康。[121]但他们在文献中并没有对环境变量进行测量和实证，只是提出一些观点。如果能够进一步明确业务伙伴和环境条件内容，将更加丰富组织健康文献。

2.4.5 组织健康的后果变量

企业绩效、竞争优势、企业寿命、组织压力、战略执行力等都是组织健康的后果变量。

2.4.5.1 组织健康和企业绩效的关系

组织健康和企业绩效之间是有差别的。组织健康和企业绩效是非此即彼关系吗？如果答案是肯定的，那么企业到底应该追求组织健康还是企业绩效？凯勒、普拉斯认为组织健康和企业绩效都是企业的目的。[3]它们都是可测量的。业绩增长和组织健康都是企业的竞争优势。企业应该同时实现业绩增长和组织健康。因此，组织健康和企业绩效不是非此即彼的关系。凯勒和普拉思认为组织健康和企业绩效之间不只具有相关性，他们指出企业绩效和组织健康并不冲突，而是互补的。麦克林和布拉泽顿也持类似观点。[178]

组织健康和企业绩效是从属关系（包含关系）吗？企业绩效包含组织健康，还是组织健康包含企业绩效？谢尼迪斯和舍查柔丝认为，当企业绩效令人满意的时候，组织健康不一定好。[140]因此，组织健康的范围比企业绩效大。那是否可以说组织健康包含企业绩效，或者说企业绩效是组织健康的指标之一呢？张淑敏等学者认同组织健康包含企业绩效。[179]如果这样，企业绩效就会影响组织健康。这好比说运动员的比赛结果会影响其身体健康。这样的论点是站不住脚的。因此，组织健康和企业绩效不是从属关系。

企业绩效是所有企业组织追求的终极目标。组织健康能影响企业绩效，[178]是实现企业绩效的手段和前提条件。企业绩效是组织健康的结果。如果组织健康和企业绩效是手段与结果的关系，那么若组织健康不好，则企业绩效一定不好。然而，事实上却存在组织健康并不好，但企业绩效是好的状态。也存在组织健康是好的而企业绩效并不好的状态。因此只能说组织健康是影响企业绩效的因素之一，而不是唯一因素。企业绩效还受许多其他因素的影响。在好的市场环境中，健康企业的绩效应该是好的。

2.4.5.2 组织健康和竞争优势的关系

组织健康与竞争优势的关系也得到了一些学者的关注。孟宪忠认为企业健康是企业具有竞争优势的前提。[180]凯勒、普拉斯认为组织健康是构成企业最终竞争优势的一部分。[3]2因此，组织健康是一种竞争优势。同样，兰西奥尼提出任何公司都能获得的最大优势是组织健康。[2]1这不仅指出组织健康是最大的竞争优势，还指出任何公司都可以通过控制获得组织健康。王鑫假设，组织健康除了可以直接影响竞争优势外，还可以通过战略执行力间接影响竞争优势。[155]

2.4.5.3 组织健康和其他后果变量关系

一些学者将组织健康与企业持续性的成功、战略执行力、企业寿命、组织成败相联系。凯勒、普拉斯认为组织健康的后果变量有企业持续性的成功、企业寿命。[3]2。兰西奥尼认为组织健康是决定组织成败的最重要的因素。[2]1

此外，一些学者将组织健康与组织压力、组织承诺、员工行为联系在一起。比斯瓦斯·乌尔米和比斯瓦斯·萨斯瓦塔发现可感知的组织健康的维度对组织压力有负面影响；可感知的组织健康的维度对组织承诺有正面的影响。[143]彭春芳研究得出组织健康显著负向影响管理人员的工作压力。[181]彭红霞研究得出组织健康对员工行为态度(用工作幸福感和工作效能感做变量)有积极影响。类似地还有以员工行为作为组织健康的后果变量。彭启英研究得出组织健康显著负向影响员工沉默行为。

2.4.6 促进组织健康的措施

沙夫、吉诺维亚和卡沃夫斯基等认为可以从个体(如健康促进计划、聘用领导的个性要求、幸福促进战略)、工作(如复杂度、内容的丰富性、任务压力)、流程、组织(如结构)四个方面干预组织健康。[144]塞克卡、卡默和戈德温从积极组织伦理学视角指出，促进组织伦理行为是通向组织健康的一条途径。[184]此外，企业健康诊断能消除弊病，促进其组织健康。[185]7团队训练、反馈调查、目标设定等是干预组织健康的战略。[186]郑苍红指出信息平台和学习平台的搭建有助于提升组织健康。此外，企业文化、领导力、薪酬激励、内部沟通、人才梯队、职业通道、绩效管理等机制的搭建也有助于提升组织健康。[187]

组织健康的有关命题还没有真正形成体系。至今，该理论被各种文献引用的次数还非常有限。在中国，与组织健康理论有点相似的和谐管理理论受到部分学者的关注和推广。未来，在组织健康理论日益完善的基础上，会有更多的学者将其视为管理学中的重要理论。

2.4.7 研究空白点

根据前面知述可知，国内外学者对转型期、健康、学校组织健康、企业组织健康的研究涌现了大量成果。然而，转型期企业组织健康的研究仍存在以下空白点。

首先，企业组织健康的概念还需要完善。学者们主要从企业具有的特征及企业具有的能力来论述企业组织健康的内涵。其实，组织健康还应该包含价值取向。因为组织健康既是一种客观的状态，也是一种主观的评价。此外，组织健康的内涵除了包括各个健康因素、测量企业组织健康的程度外，还应该结合环境特征、变化趋势和初始组织健康现状,分析企业组织健康的动态变化和容易出现组织健康问题的时间段。

其次,组织健康程度的测量需要深化。如果能提出衡量企业组织健康程度的具体定量方法或者定性模型,则将极大地丰富组织健康文献。如果能够有多角度评价组织健康程度的定量方法,则可以更好地评价企业组织健康程度。如果能够提出符合中国转型期企业的组织健康程度的分析模型,则更容易为企业界接受和应用。如果能够开发出组织健康的量表,则能推动组织健康理论的发展。

再次,企业组织健康的因素还需要澄清。有些文献名义上研究组织健康,实质上研究员工健康。员工的确是企业组织的要素,但是,研究组织健康仅仅着重于员工身体健康、心理健康也是不妥当的。组织除了员工之外,还有很多要素,例如资金、产品、服务、制度等。另外,组织能力、组织激励等早就被学术界讨论过,但人们只是孤立地研究它们,忽视了整体地研究这些因素的组织健康。

最后,企业组织健康的理论需要深化。进一步考虑组织健康的前因变量和后果变量,有助于形成有关组织健康的系列命题。至今,关于政府支持对组织健康的影响、组织健康对企业绩效的影响、组织健康和企业绩效之间的关系受什么变量调节、组织健康在政府支持与企业绩效之间是否具有中介关系等的研究还是凤毛麟角。如果组织健康存在中介作用,那么该中介作用是否受企业年龄、环境不确定性的调节?这也可以深入研究。

2.5 本章小结

制度理论、动态能力理论、利益相关者理论是本书的理论基础。本章从制度经济学派观点、组织社会学派观点和战略管理学派观点阐述了制度理论,从动态能力的内涵、构成、有关命题等阐述了动态能力理论,从描述性观点、工具性观点阐述了利益相关者理论。本章回顾了中国转型期的有关研究、健康的相关研究、学校组织健康的相关研究之后,又回顾了企业组织健康的相关研究,还综述了企业组织健康的内涵、因素、程度衡量、前因变量和后果变量、促进组织健康的措施等。

3 概念与模型

本章首先分析中国转型期企业外部环境特征、环境变化趋势。接着分析企业组织健康现状，其中包括组织健康的层级特征、中国企业存在的组织健康典型症状。紧接着分别剖析组织局内人视角和组织局外人视角组织健康的因素。然后，阐述组织健康程度划分、测量方法、步骤、评价标准。此外，以动态性为组织健康的客观属性，提出企业组织健康常见的演化路径和容易出现组织健康问题的时间段。最后，提出本书研究的假设和概念模型。其中政府支持代表中国转型期的环境变量，并假设政府支持正向影响组织健康。企业绩效代表组织健康的后果变量，并假设组织健康正向显著影响企业绩效。环境不确定性代表中国转型期的环境变量，并假设其可以调节组织健康和企业绩效之间的关系。企业年龄与组织健康的演化有关，并假设其可以调节组织健康和企业绩效之间的关系。

3.1 中国转型期企业外部环境

企业的组织健康必然受到与之息息相关的环境的影响。因此研究企业组织健康不可避免地要分析企业的外部环境特征和变化趋势。

3.1.1 转型期环境的特征

出生于 20 世纪 50 年代或者 60 年代的中国人深刻地经历了从计划经济体制向市场经济体制转变的过程。我通过接触这些人，了解到社会风气的变化及人们对转型的态度。此外，还通过对一些企业员工进行访谈，了解到政府支持和环境高度不确定性是中国转型期的重要特征。

在中国向市场经济体制转变的过程中，政府发挥了重要作用。李四海、陆琪睿和宋献中指出，新兴市场国家中企业对政府有很强的资源依赖。[188]我在对企业的调研中，半数以上的被访谈者会讲出政府给予企业的一些支持、高层领导有政府关系资源及企业接待过地方政府或中央政府领导的参观。政府提供税收优惠、用工优惠、厂地、楼房，出台有利政策，直接给予资金等都是支持企业的具体形式。

罗海滨、刘善仕和王红椿等指出中国转型期企业环境是高度动态的。[189]胡湛湛强调了中国转型期制度环境的不确定性。[116]在我访谈的企业中，大多数被访谈者提到技术变化、市场竞争、企业成本、环境保护等方面的法律要求更加严格，其客户要求也不断提高。

3.1.2 转型期环境变化趋势

分析转型期前后社会的变化不是本研究的中心任务。本小节主要分析中国转型期企业外部环境的变化趋势。

3.1.2.1 市场竞争从不激烈向更加激烈转变

首先，在竞争方式上，企业将更加关注消费者较高层次的需求。根据马斯洛的需求理论，人们的需求是有层次的。人们最基本、最原始的需求是生理需求，也就是衣、食、住、行等方面的需求。此时消费者关注的是商品的基本功能。比原始需求更高级的需求是安全需求。此时消费者希望购买到安全的食物，例如农药残留量符合标准的食物。比安全需求更高级的需求是社交需求。例如，人们打高尔夫球，可能出于社交的需求；人们关注品牌，也可能出于社交的需求。比社交需求更高级的需求是尊重需求。比尊重需求更高级的需求是自我实现的需求。现在，自己动手做(Do It by Yourself)受到人们的广泛欢迎。这是因为在动手做的过程中，人们有自我实现的感觉。

因此，消费者未来的需求不会仅仅满足于第一次消费的需求，或者功能的、原始的需求。他们会有包括体验、舒适、快捷、健康、方便等更高的需求，甚至是更加强调个性化的需求。在消费的内容上，未来消费者也会更倾向于精神消费、体验消费、健康消费、时尚消费。对于企业来说，需要从满足消费者原始需求向满足其更高级的需求转变。未来，企业仅仅以顾客为导向已经远远不够。因为企业不仅要面对现有市场，还要预见未来市场并抢占先机。消费者只会追随那些有远见的公司。

其次，谁都可能成为企业的竞争对手。在商品短缺的年代，竞争者少。

之后，同行业竞争者逐渐增多。在经济全球化背景下，从事海外经营的企业越来越多。[190]这说明竞争不仅来自国内，还来自国外。随着社会发展，竞争不会仅仅存在同行企业之间，还会在商业生态系统/商业群落之间产生。[191]31此外，随着微信、移动支付的发展，行业之间的界限逐渐模糊，企业不仅仅在本行业内部存在竞争，更存在跨行业竞争。例如，现在的手机将现代通信设备的功能与数码相机结合起来，其便捷性与光学成像这两个看似毫无关系的功能，就这样牢牢捕获了消费者的心。于是，数码相机的市场经营惨淡，无论是超高像素的相机还是外形美观的相机都没有赢得市场，而是来自其他行业的产品——手机，击垮了一半以上的数码相机产品。

再次，竞争内容日益广泛。竞争不仅存在于产品或服务质量上，还存在于商业渠道上；不仅存在于市场占有率上，还存在于客户满意度上；不仅存在于商务机会上；还存在于风险规避上；不仅存在人才竞争，还存在资金竞争；不仅存在技术竞争，还存在信息竞争；不仅存在经济利益竞争，还存在制定标准主导权的竞争。

最后，为了更好地应对竞争，竞合是更好的对策。合作与竞争不是两个对立的极点，而是可以相互融合的。换句话说，现在的竞争不是"你死我活"的竞争，而是可以实现双赢的。未来的合作不再局限于上下游的合作，即与供应商和客户的合作，还可以有组织内部的合作，因为组织内部合作与竞争也并不矛盾。有位被访谈者告诉我："在企业里，把事情做好、做成是目的。虽然有竞争，但这是为了大家有饭吃，是为了共赢。"

3.1.2.2 法治体系从不完善向完善转变

在我国的转型期，其法治体系还不完善。杜小民认为中国存在法律法规不健全和明显的法律法规执行不足的情况。[192]

首先，中国的法律法规滞后于经济发展的速度。原因有以下四条，一是有些法律缺失。近几年，微商已经蓬勃发展，但是微商的法律地位还没有明确。二是有些法律内容不健全。例如，《建筑法》没有将安全信息管理方纳入法律。三是有些法律条款难以操作。例如，只规定违法要罚款，但没有规定罚款的数量。四是有些法律已经过时，不符合社会发展的基本要求。其次，在中国转型期，有法不依或者执法不严的现象相当普遍。[193]原因主要包括懂法律的人才稀缺、司法部门的独立性有待增强等。再次，在某些领域存在一些违法成本低而守法成本高的情况。例如，在调研一家房地产企业时，笔者了解到，施工土地证、规划证、施工许可证没有办齐全，政府是不让开工的。如果无证开工，法律上规定是要罚款的。然而，现状却是国内大多数房地产企业都是先开工后办证。为什么呢？被访问者说："罚款按施工量的2%计算，一般是几百万。而我们公司的土地成本有十几亿，一天利息就近百万。所以，罚款力度不高。"

未来，中国的法律法规体系会逐渐完善。近些年国家有关部门出台多部法律法规，包括《关于促进互联网金融健康发展的指导意见》等。有了基本法，互联网金融就成为一个在法律上被明确化的行业。完善法律法规体系除了要按照正常的程序进行外，还应该在对社会深刻认识的基础上建立出台或修改具体的法律法规。此外，完善法律法规体系还应注意以下事项。第一，法律和法律之间不能有矛盾或者不衔接，各部法律的整体要构成有机的系统。法律、法规要形成体系，相互配合，而不能"打架"。第二，法律更加科学，更加符合实际的需要。如果法律法规的定罪标准不恰当，就会出现大量违反法律法规的行为。若再考虑法不责众，执法者就会对这类违法行为装糊涂，或者睁一只眼闭一只眼。

3.1.2.3 信息从不对称向相对对称转变

市场经济要求人们能够及时获得相关的准确信息。随着国家对信息化的重视，信息不对称会向相对对称转变。一位国际贸易企业的员工说："以前我们作为面料的贸易商，利用信息不对称就可赚取差价。然而，现在大家上网就可查到外商信息，越来越多的面料工厂和外商直接对接了。"

首先，科技的发展带来多渠道的信息传递方式。从打电话、发短信、发邮件、发微信、上网搜索到视频会议，这些信息传递方式已经在人们的工作生活中广泛应用。由于信息传播渠道更加多样化，信息不对称问题逐渐减少。

其次，拥有信息的权力趋于平等。在20世纪，领导有资格参与开会，可以最早获得原始信息，而老百姓得到的信息则是经过层层过滤后的信息。随着政务信息化，现在老百姓也能同步获得信息。

再次，网络的开放性和匿名性，带来相对自由的言论。消费者可以对商品发表评论，其他消费者也可以看到别人对企业产品的评价意见。这样，企业就会更加重视产品质量，也会更重视消费者的意见。

此外，信息化能带来更加科学的决策。对于生产型企业来说，以前因为信息不对称，需要备足原材料、零部件、产成品，存货会占用很大的仓库。现在，因为管理软件系统的使用，获取信息的便捷，存货大大减少，甚至可以实现零存货。以前因为信息不对称，企业更加重视广告效果的好坏。现在，如果商品质量不好，即使大量投放广告，也不能实现良好的销售效益。

最后，信息相对对称更能激励企业从事公益活动。企业参加公益活动，有利于获得良好声誉。此外，由于信息相对对称，因此公益渠道增多。例如，如果某地儿童患重病，家境困难，急需社会捐款，那么在过去，企业很难得到信息；可是现在通过网络传递信息，不仅速度快、信息量大，而且传播范围很广。这样，企业就可以及时准确地获知信息，并为其提供帮助。

3.1.2.4 政府从什么都管向管好该管的转变

在计划经济时期，政府权力高度集中，可以说什么都管。在转型期，政府在一定程度上放权。然而，当前中国还存在政府职能越位现象。高松认为，中国人民银行和证监会、银保监会、保监会同属政府管辖范围。[194]10 因此，中国政府对企业的宏观环境影响重大。阿多马科和丹索指出，在不发达的市场经济国家中，政府在管制商业活动和为企业提供资源和机会方面发挥重大的作用。[195]至今，中国一些地方性政府仍通过税收、行业管制、土地使用许可、对资本市场的管制、影响银行信贷等，将政绩目标内化到一些当地企业的投资决策中。如果政府权限过大，企业就不是独立的主体，企业很多活动的出发点就会变成与政府搞好关系。例如，为了获取土地或者融资，企业不得不寻求政府有关部门的帮助。因此，有些企业就会与一些官员建立紧密关系。这种不正当的官商关系最终会葬送企业。因此企业在处理政商关系上既要亲近政府又要保持清白。

随着市场经济体制的完善，政府应该管好该管的，也就是办市场办不了或者办不好的事情。例如，提供公共产品、提供社会服务等。政府不应该而且不能随意操纵商品的市场价格。[196]此外，政府不应该插手私人领域的事务。笔者在访谈一位国企中层员工时得知，"国资委规定企业吃喝费用的上限不超过利润的 5%"。可是如果对各行业的国有企业都是一刀切，那么就会造成公关成本低的行业花不完，而公关成本高的行业不够花的现象。

本书认为，随着竞争的加剧，将转型期环境变化趋势与企业组织健康结合，可以提高存活企业的组织健康程度。其中法治体系越完善，企业的组织健康程度可能越高；信息越对称，越有利于企业组织健康；政府权限越适中，越有利于企业组织健康。

3.2 中国转型期企业组织健康的现状

在中国转型期，企业如雨后春笋般涌现。但这些存活企业的组织健康状况却是分等级的。吴晓波、袁岳和冯晞将中国企业健康的发展分成初级、中级、高级阶段，并研究得出中国企业健康的发展处于初级阶段。[158]几年之后，吴晓波和陈学军指出，中国企业健康状况总体上处于中级阶段。[159]此外，不同健康等级的企业的特征是有所不同的。目前，几乎所有企业都或多或少地存在一些组织健康症状。张小富和汝岩研究得出中国房地产上市公司的总体健康状况不佳，表现为投入产出效率不高、社会责任感不强等。[192]本节除了介绍各层级企业的特征(如表 3-1 所示)外，还正视了当前企业存在的一些组织健康症状。

表 3-1　组织健康合格基础上的各层次的企业特征

层级	关键词	特征
初级	合法、盈利、存活	企业活着而且合法，但是不确定性大。程序薄弱，企业家各种职能集于一身，存在部分组织健康的症状，例如组织协调性有待加强。
中级	规范、有序、高效	企业有完善的制度，有明确的发展方向，有良好的组织文化，企业内部有秩序。员工任务明确，相互合作，并进行开放式的沟通。部门之间协调。善于抓住商业机会，员工有动力，组织有凝聚力，结果是高效率的。
高级	贡献、共享、承担社会责任	有长远的企业发展方向，鼓励合作的同时形成组织内部良性的竞争，以人为本，为利益相关者谋利益，积极创新，对社会做出贡献，重视企业社会责任，实现共享、共赢。

3.2.1 转型期企业组织健康的层级特征

中国企业组织健康状况是有自身特色的，不可用国外的研究成果生搬硬套。一些国外学者在描述组织健康的特征实质时只是描述了组织的卓越特征。有些国内学者把组织健康的特征说成具有组织调节能力、适应环境、学习创新等。这与国外学者描述的组织卓越特征并无实质差异。在转型期，中国企业组织健康必须是分层级的。我在调研中了解到，一些企业在组织健康的有些方面做得很不错。例如组织文化建设、组织能力提升等。即使如此，这些企业至多处于组织健康的中级。对中国企业组织健康层级特征进行讨论，是为了给企业经营者提供一个取得更加健康企业的改进路径。

在初级条件下，企业追求合法、营利、存活。企业的特征包括：企业活着而且合法经营。程序薄弱，企业家各种职能集于一身，存在部分组织健康的症状，例如员工工作没有激情，组织协调性有待加强。我拜访了上海某报关公司的员工，当问到员工在公司的职业发展路径怎样的时候，被访问者回答："我觉得工作无聊、无意义，月初和月底忙，其他时间空。"当问到公司的优势时，被访问者回答："有政府资源，与海关关系好。"当问到公司有没有履行社会责任时，被访问者回答："没有。公司只管赚钱。"当问到公司协调性时，被访问者回答："开发业务的部门开发出的客户是小客户，不知道业务部门的员工在做什么。我接触两个业务部门，其中一个部门工作不积极主动；另一个部门非常好。这跟部门经理有关。"因此可以认为，现阶段该报关公司组织健康处于初级。

在中级条件下，企业追求规范、有序、高效。企业的特征包括：有完善的制度，有明确的发展方向，有良好的组织文化，组织内部有秩序，进行开放式的沟通，员工任务明确、相互合作，部门之间协调，能吸收和处理市场信息、善于抓住商业机会，员工有动力，组织有凝聚力，结果是高效率的。据此，我调研了某服装配套辅料产品供货公司。当问到公司如何激发员工工作积极性时，陈女士回答："公司有完善的激励机制和丰富的活动。员工能找到家的感觉。每年每部门有两次去国内外旅游的机会。这已经是一种公司的文化了。每部门有很多资金(活动经费)。在我的团队里，下属年薪高，员工流失率极低。公司高度信任中层管理者，中层管理者可支配费用。"当问及公司的人文环境时，陈女士回答："各部门之间很紧密，相互帮忙也很多。团队里面的员工也很合作。必须帮助人，也会主动帮助人。例如旁边位置上没人，电话响了，一定要接，这是必须做的，这点我管得很严。"当问到公司的制度结构时，陈女士回答："有完整的组织结构，有独立的财务处和人事处。制度方面很健全，有培训制度、安全教育、奖惩制度、岗位责任制度等。"当问到企业除了关怀员工，是否参加公益活动，例如汶川地震捐款情况时，被访问者回答："我们也捐款的。"因此可以认为，该服装公司组织健康处于中级。

在高级条件下，企业强调贡献、共享、承担社会责任。除了具备中级条件下的特征外，企业还具备以下特征：有长远的企业发展方向，鼓励合作的同时形成组织内部的良性竞争，以人为本，为利益相关者谋利益，积极创新，对人类社会做出贡献，重视企业社会责任，实现共享、共赢。

结合社会主义核心价值观，在组织健康的高级层次上，中国企业应该承诺：促进国家富有，人民强壮；应该追求人们当家作主；行为是文明的，是面向现代化、面向世界、面向未来的；人们之间的关系是和谐的；员工是追求自由的，包括意志自由和发展自由；人与人之间是平等的，特别是员工有平等参与、平等发展的权利；处理事情是公正的；处事的底线是守法的；员工是热爱祖国的，以振兴中华为己任，热爱职业，服务社会，诚信做人，强调诚实劳动、信守承诺、诚恳待人，基于友善地尊重人、关心人、帮助人。

很难说，中国的哪家企业已达到了组织健康的高级层次。根据对华为公司的二手资料的收集及个别员工的访谈发现，华为公司在某些方面已经达到了组织健康的高级层次。例如，我在访谈中了解到，普通员工也能持股。当问及"员工刚进去就持股，还是做出成果之后才持股"时，被访谈者回答："现在比较严了，要达到一定级别后才持股。"当问及加班问题时，被访谈者回答："这是潜在规则，是心照不宣的。"根据谈话内容，华为公司多多少少会给人一种员工当家作主的感觉。此外，华为公司对研发高度重视，并投入了极大的研发经费。

3.2.2 当前企业存在的组织健康的典型症状

为了撰写中国企业当前存在的组织健康问题的症状，我在访谈了企业从业人员之后，列举了一百多条企业组织存在的不健康表现。对这一百多条不健康表现进行归纳可以发现，中国转型期企业存在的组织健康典型症状有：有效的组织激励有待落实、组织内部的协调沟通有待加强、组织内部的合作有待促进、组织结构有待完善、组织效率有待提升、企业精神有待塑造和落实、组织作风有待改进、管理混乱问题有待克服。如果这些组织健康问题处理不好，就会导致员工离职率高、客户流失、管理者腐败、财务欺骗、企业破产等各种后果。

3.2.2.1 有效的组织激励有待落实

组织激励问题具体包括组织激励缺乏、组织激励随意、激励与约束分裂等。职位"天花板"、职业发展路径不明确、奖励幅度没有拉开距离、奖惩不明、干好干坏一个样等都是组织激励缺乏的表现。在调研中发现，某企业有业绩考核，但是缺乏组织激励。例如，给两个同级员工的奖金数量相当。一位中层管理者说："如果这次给做得好的员工更高的考核分数，那么下次他就会要求给更多的奖金和更多的机会，但我没有权限或权限有限，怎么能说服他？因此，这次我给他的考核分数只能不与他的实际业绩挂钩。"这类转型期的组织激励问题源于中国的讲究情面、关系、集体主义的文化。

有些企业的组织激励随意，该惩罚时不惩罚，该激励时不激励。在调研中，某企业被访问者说："对一些浪费公司大量资源，但没有业绩的人，老板不去批评惩罚。当然做好一件事情，做得很完美，会有奖励。假设把一件事做到完美定为100分，如果你做到了80分或者90分，则会受到批评；而做到20分以下，甚至做到0分，老板却不会批评。此时老板会表现出自己是长辈，要好好培养你的姿态。"这与中国的体制因素有关，即不轻易淘汰人。这还与该企业老板原先从事教师职业有关，他把员工当作学生。

激励与约束分裂就是仅仅强调激励或者仅仅强调约束，结果顾此失彼。在调研中，了解到某企业制造人员在生产产品的时候，若生产坏了则要扣钱，而生产好了却无奖励。这种制度潜在的意思是该企业只强调惩罚。如果企业能关注员工的心理需求，那么激励的效果则远胜于惩罚。此外，如果员工一直有做好本职工作的责任感，也就不会认为企业只有惩罚而无激励。

3.2.2.2 组织内部协调沟通有待加强

如今，企业兼并、搬迁、裁员、流程再造等事件常会出现，在这些大事面前，内部员工之间的沟通尤其重要。与员工之间的沟通需要公开、直接、诚实、平等。一些企业，其决策是在没有普通员工参与的情况下由高层做出的。例如，在调研中，某企业要搬迁到外地，这是一件企业大事。然而，在企业广大员工还不知情的条件下，负责销售的经理接到客户电话："你们企业总经理在接受媒体采访的时候提到，企业要搬迁到外地。"结果造成客户人心不稳、企业销售人员被动的局面。有些员工也不再好好工作，甚至已经开始找新的工作。

有些企业还存在不同岗位员工之间忙闲不均的情况。我在调研中了解到，某企业一些关键岗位很忙，但没人能帮忙；非关键岗位上的人则很闲。然而，非关键岗位的这些闲人又不具备关键岗位所需要的能力，不能调岗。

此外，有些企业的生产部门与销售部门的衔接不够融洽。例如，有些企业没有线上和线下部门相互协调的机制；有些企业，特别是外资企业，在沟通上还存在语言障碍。

3.2.2.3 组织内部的合作有待促进

内斗是中国企业中存在的比较突出的问题。在同一层领导班子中，有时候会出现副手被搁置一边的情况。有些企业组织内部的各小组或部门之间有摩擦，主要表现为领导之间面和心不和。我在调研中了解到，某企业的中班车间主任与晚班车间主任不和，结果两班人各听自己的车间主任的话，有时甚至把中班活推到晚班。

有些企业部门之间合作意愿不强。调研中，当问及是否因为部门之间是竞争关系而不愿意合作时，被访问者回答："不是，主要为了推卸任务、推卸责任，都希望做动口的事情，而不愿意做动手、动脚的事情。动口的部门往往能从老板那儿得到好处。"

有些企业部门各自为政。在对某医药企业的调研中了解到，环保部门要求企业整改，生产部门觉得烦。如果财务部门愿意投入大量资金，直接购买新设备，将旧设备换掉，则不用改造旧设备。实际上，各部门都以利益为导向，只是侧重点不同。

3.2.2.4 组织结构有待完善

组织机构虚设、重叠的结果是机构臃肿。这在国有企业中比较突出，因为历史原因，国企人偏多、包袱重。例如，现在企业需要信息化，而企业老员工自动化水平不高，又不能轻易解聘。

组织结构问题还表现为因治理结构、制度结构不完善而出现腐败问题或者其他诸如偷窃等不良事件。例如：某证券公司曾经出现挪用保证金事件。某企业制造部的工程师将与客户签订的技术标准贩卖而为自己谋利益。某企业的采购员接受回扣。某企业的员工与企业外部人员合作，偷盗企业大量昂贵原材料。这些事件都与企业制度结构不够完善有直接的关系。这些现象的出现与人性、企业管理制度、社会法治体系、转型期的拜金主义等因素都有关。

3.2.2.5 组织效率有待提升

虽然国内很多企业相当重视组织效率，强调执行力，但是不可否认，中国企业的人均劳动生产率、人均利润等并不高。分析中国进入世界500强的企业的数据即可明确这一点。

此外，还有一些企业因为投资决策失误（例如，引进先进的、昂贵的设备，而设备又被闲置）、产品转型时段投入大而产出少、外部环境冲击等各种原因严重亏损。某企业高层管理人员在回答企业存在的不足时说："工作效率不高，如销售业绩与销售成本比较，距离目标很远；研发成本也高，这导致工程管理在时间上、质量上还不够令客户满意；人员规模膨胀，人均劳动生产率比较低。"

3.2.2.6 企业精神有待塑造和落实

有些企业偏好投资回报期短的项目，甚至抱着投机心理进行投资。追求规模的快速扩张，最终将带来企业"成长的阵痛"。例如：有些企业过度营销产品；有些企业以污染环境为代价追求利润；有些企业喜欢制造和炒作概念，但很少实施；有些上市企业存在虚构利润、欺诈上市、内幕交易、操纵股价等违规事件。总之，造假、急功近利、环境污染等都是中国转型期突出的企业健康问题。这些问题都与企业精神有关。目前，中国一些企业的企业精神或理念虚无。有些企业虽有企业精神，但却不是伟大、正确的精神。企业造假带来人与人之间的不信任，市场中出现"劣币驱逐良币"现象，辨别产品质量的社会成本增高。急功近利导致企业不能很好地平衡短期利益与长期利益。环境污染带来人的健康、生育能力等下降。

3.2.2.7 组织作风有待改进

一些企业存在形式主义作风、不作为作风、官僚主义作风。形式主义作风体现在：好面子，做样子。为了推卸责任或者怕影响个人职业前途，不作为，以文件形式层层传达，最后不了了之。在调研中，某企业的区域销售经理谈到，自己的领导不作为，层层上传。当其能做主的时候，事情已经过去了（潜在订单已经丢失了）。官僚主义作风主要表现为领导爱摆架子，高高在上，对普通员工态度冷淡。在这类组织作风有严重问题的企业中，有才华的优秀员工往往流失。在调研中，当问及企业的平常会议中说得最多的词句时，某企业中层管理者回答："瞎搞！这个人怎么这样？你们怎么搞的？不行。"当追问"是领导经常说'不行'吗"时，该企业中层管理者回答："不是领导，而是员工拒绝。"由此可以推测：该企业的一些管理者不尊重人、好贬低人、爱抱怨、好责怪下属，而下属也并不是心甘情愿地执行命令。

3.2.2.8 管理混乱问题有待克服

管理混乱问题表现在管理的随意性。有些企业财务账目不清，不如实记载数字。这可能源于客观上员工财务知识、法律知识欠缺，也可能源于主观上怕露富、为了少交税，有意隐瞒真实数据。

管理混乱问题表现在员工变动大。某企业成立不久，工程总经理、技术总经理、区域总经理等高层管理者都更换了。结果决策经常变动，员工的稳定性相当不好。一年下来，一半以上的员工离职了。

管理混乱问题还表现在员工权责不明。我在调研时发现，员工人数几百人的上海某企业没有前台，也没有前台工作人员。后来了解到，该企业有前台工作人员，只是她当时坐在人力资源办公室房间里，而不是企业的前台位置。由此可以看出，该企业的前台工作人员的职责不是很明晰。据说因为职责不清，该前台工作人员时常有情绪。

3.3 中国企业组织健康的因素

对于多维构念，有必要阐述构成整体的不同的因素。[198]健康因素是企业组织健康的基本单元。考虑到企业组织内部的复杂性，本研究只研究组织健康的关键因素，而不是所有因素。本研究从员工角度和第三方角度来揭示企业组织健康因素。本书提炼的组织健康因素是在归纳了中国企业存在的一百多条不健康现象的基础上开始研究的。组织健康因素的提炼是理解组织健康内涵的条件，是组织健康测量的基础，也是后面组织健康模型实证研究的基础。对于企业来说，识别主要的组织健康因素，有助于明确具体从哪些方面入手提升企业组织健康。

3.3.1 组织的局内人角度：员工评价

研究企业组织健康必须从员工开始。但值得注意的是，组织健康若超越了员工工作满意度，则会给员工带来工作压力。因为组织健康不仅关注员工对组织的认知，还包括那些能够带来员工认知的一些组织的运行实践，例如组织的协调。

在凯勒、普拉斯的研究基础上，本书指出，愿景方向、责任氛围、激励动力、协调能力是关键的企业组织健康因素。激励动力是广大员工感受最深的因素，责任氛围也是广大员工能深刻感受到的因素。而愿景方向、协调能力则是引导企业发展相当重要的因素。中层、高层管理者对此感受颇深。然而，这些要素都是组织的局内人——员工能深切感受和认知的，但又超越个人认知，而存在于组织层面。在访谈企业实践者的基础上，从组织的局内人——员工角度探讨组织健康因素在实际操作中是相对简便的。

3.3.1.1 愿景方向

管理学大师德鲁克极其重视组织愿景和发展方向。愿景方向是战略管理的基础，可以通过组织使命、战略、目标等表达出来。其中组织目标必须是现实的、能实现的，[199]而且必须是严密的、具体的、明确的，是建立在经营者真实动机之上的。愿景方向能引导企业合理分配资源，平衡内外利益，获得组织的合法性，[200]还能引导组织成员达成共识，约束员工的行为。徐大勇认为，愿景是分层次的。最底层的愿景是员工的行为准则和行动指南，中间的愿景层是企业的经营领域和目标，最高层的愿景是企业对人类社会的贡献和价值。[201]56-57。

愿景方向有助于激励员工。一个组织如果没有令人向往的愿景，就难以激发出员工之间的凝聚力。一个组织如果不能让员工明白组织的发展方向，就难以在员工之间形成一致的目标。因此，从员工角度看，没有组织愿景和发展方向的企业不能说是健康的企业。如果企业有令人向往的愿景，也有组织发展方向，但不是正确的发展方向，这样的企业也不能说是健康的企业。试想，假设员工恰好全力以赴朝同一个方向前进，结果却南辕北辙，接下来的情景会如何？很有可能出现一片混乱。一个组织如果有正确的发展方向，但没有令人向往的愿景，那么这个企业组织的健康程度至多是一般。从员工角度看，在这样的企业组织中难以情绪高昂、满怀激情地工作。

3.3.1.2 责任氛围

管理学家泰勒和法约尔都认为，每个人都要有自己的工作位置，每个人都要知道自己应该做什么，要负责什么，应该与哪些人合作。兰西奥尼指出，领导团队里的每个人除了要知道自己的角色外，还要清楚其他人的角色。员工要严格遵守职责。因为在权责明确的前提下，同样数量的劳动者能实现更多的总产出。此外，工作任务、职责明确还有助于企业产品或服务质量的提高。兰西奥尼强调了每个人都要承担责任，要确保覆盖所有关键的职责。韦伯、亨宁和马格利指出组织氛围是一种关系，它可以评价个体之间以及个体和组织之间的互动质量。[202]良好的组织氛围强调组织内部人与人之间关系和谐，愿意承担责任，并为共同的组织目标努力工作。这样，每个成员都是在群体中工作。另外，员工的工作不仅关系到自己，还关系到团队的全部成员。因此团队导向是员工感知的组织健康的因素之一。陆佳芳、时勘和乔斯沃尔德认为合作性团队的建设能促进组织健康。[203]在强调为共同的组织目标承担责任、团队导向的氛围中，员工的心情是愉悦的，员工对组织的认同感是强的。项凯标、周建波和程贞敏研究发现合作有助于组织绩效。[204]

3.3.1.3 激励动力

员工动力是组织健康的一个重要因素。[205]组织激励和员工动力是紧密相关的，它们作为一个整体，构成了组织健康的因素。激励理论包括需求层次理论、强化理论和期望理论等。[206]这些理论的价值在于通过组织激励促进员工的组织公民行为或者激发出员工的动力。陈淑妮、陈贵壹认为组织激励可以促进员工的组织承诺。[207]李灵认为组织激励能够激活员工的动力。[208]赵夷岭、段万春和宋光兴将激励分为对员工物质方面的工具型激励和对员工感情方面的情感性激励。[209]其中情感性激励包括获取、结合、理解、防御。获取是获得自己想要的稀缺的东西，如升职、加薪等；结合是让员工感到自己是组织的一员，让其参与决策，使员工有归属感；理解是通过培训等手段让员工理解工作的价值；防御是用制度推动正义和抵御外部威胁。凯勒、普拉斯指出，除了物质激励外，领导和同事的公开认可、语言等也有强大的效果。[3]132-133组织可以运用各种激励手段，让员工感知，并转化为动力。这样，激励就能影响到员工的生产行为和生产效率。

3.3.1.4 协调能力

组织协调是企业组织健康的一个因素。[210]组织内部的有些活动只能在另一种活动结束后才能开始，有些活动必须与其他活动紧密配合才能完成，有些活动则要和另一些活动使用共同的资源。组织协调是组织中不同单元、部门、员工之间相互衔接、配合、合理分配和共用资源以达成组织目标。"鞋子穿了是否合脚，只有自己最清楚。"殷计香描述了企业内部协调紊乱的表现。[211]在企业平台上的员工对组织内部的协调性是能感知的。组织的协调与组织的能力紧密相关。良好的组织协调的结果是组织能够获得信息，识别市场中的机会，采取快速行动，并能够利用商机。对市场需求的反应、对环境机会的发现、对商机的利用等都可以反映组织的能力。因为强调对环境的敏感性和反应性，与重视协调能力是相通的。

3.3.2 组织的局外人角度：第三方评价

第三方是有丰富经验、知识的专家，能够比较全面、客观地认定企业组织健康的关键要素。从第三方角度识别企业组织健康的关键因素是非常重要的。吴晓波、袁岳和冯晞认为，企业组织健康的关键维度是以创业力、创新力和领导这几个元素来测量的企业家精神，以竞争力、合规力、责任力这几个元素来测量的企业行为和以市场力、服务力、包容力这几个元素来测量的商业环境。基于孟宪忠、王汇群的研究，[152]本书认为中国企业组织健康的关键要素包括：企业精神、组织作风、组织能力、组织外向行为、组织制度结构。其中，企业精神是最核心的、最根本的因素。组织作风、组织外向行为、组织制度结构都可以在一定程度上反映企业精神。然而，企业精神是组织内在的价值观，不是挂在墙壁上的口号，很难轻易被观察。

3.3.2.1 企业精神

许晓明、戴建华认为企业精神是组织健康的一个因素，[153]要提倡具有人类终极关怀的内容。企业精神不等于企业家精神，它是在一定的社会文化环境的影响下企业的存在意义，包括企业与社会、企业与自然的关系的根本价值原则。它属于企业文化的内容，但范围小于企业文化。[212]213-214

与企业精神有关的词语有：企业价值观、企业理念、企业信仰、企业意识等。索特、利姆和墨菲认为企业价值观可以影响组织健康。[213]而西伐坡拉格萨姆和拉雅认为企业价值观是组织健康的一个因素。[121]

张先治、傅荣和贾兴飞等指出，企业理念是企业所希望达到的信念、意识形态等价值侧面。[214]企业意识如市场意识、诚信意识、群体意识等，也是企业精神的内容。

本书所指的企业精神涵盖愿景使命、责任态度、诚信价值等内容。愿景使命要求企业有追求、有发展方向、有战略，目的是形成组织内员工之间的凝聚力。责任态度要求企业有法律意识、经济意识、社会责任意识等。诚信价值要求企业讲究道德、诚实纳税、如实履约、履行承诺、处理好与利益相关者的关系等。王兴琼、陈维政预测，未来组织健康研究的道德化倾向与对企业精神的强调是相通的。[215]此外，张淑敏认为社会责任是企业组织健康的因素。[179]因为强调企业的社会责任与强调企业精神也是相通的。

3.3.2.2 组织作风

"作风"一词是中国的特色词汇，在党建工作中被广泛应用。大家耳熟的和作风有关的词语有很多，例如，实事求是、群众路线、脚踏实地、一丝不苟、谦虚谨慎、勤奋好学、任劳任怨、勇于开拓、顾全大局、团结务实等。2013年国家主席习近平明确反对各种组织中存在的形式主义作风、官僚主义作风、享乐主义作风和奢靡作风。

组织作风是组织成员(包括领导和普通员工)在达成组织目标过程中表现出来的普遍性的、重复出现的、相对稳定的行为方式的特点。作为企业组织健康的要素，它包含权力距离、虚实定式、简奢态度等。权力距离是领导与下属之间、下属与领导之间对权力的态度所表现出来的行为方式，例如：依仗权力当官老爷的作风，寻找权力靠山阿谀奉承的作风。虚实定式是关于务虚和务实的行为方式，包括形式主义作风、哗众取宠的作风、不作为作风等。简奢态度是关于简单和奢侈的行为方式，例如铺张浪费的作风、艰苦奋斗的作风。

3.3.2.3 组织能力

组织能力是组织健康这个构念中不可缺少的成分。在本书的文献综述中，有些学者将组织健康界定为一种能力。能力(capabilities)指企业的知识、经验和技能。[216]冯悦旋把能力划分为营销能力、技术能力、企业家能力。[217]

胡望斌、张玉利认为组织能力包括变革创新能力、资源获取能力、组织学习能力、组织柔性能力、环境洞察能力。[218]我认为组织能力是企业组织健康的关键要素之一，它包含四个维度：变革创新、质量把控、效率改进、超越自我。变革创新是企业组织能够在环境变化的情况下主动变革，创新知识，应对新形势和抓住新机会。质量把控是能对企业经营过程进行控制，产品或服务能满足利益相关者的期望。效率改进是企业通过组织结构设置、流程规定等，充分利用企业资源，实现工作效率的提高。超越自我是企业勇于承认不足，吸收新思维，挑战过去。

3.3.2.4 组织外向行为

组织外向行为是企业组织健康的要素。它是企业组织对外部利益相关者的行为，包括：信守合同、注重商业道德、公平竞争、尊重知识产权、重视与业务伙伴的合作关系、营销上不发布虚假信息等。张永强、李建标对知识产权的行为进行了关注。[219]吴晓波、袁岳和冯晞认为企业组织行为是企业组织健康的关键指标，组织行为分成竞争力、合规力、责任力等几个指标。其中，合规力包括依法纳税、反对商业贿赂、遵纪守法、按合同办事、公平竞争等。[158]凯勒、普拉斯将外部导向作为企业组织健康的因素，即企业与重要的外部利益相关者密切高效互动是组织健康的因素之一。[3]

3.3.2.5 组织制度结构

周燕、牛少锋和张君泽认为，制度是一系列规范体系，用于维护组织运作秩序。[220]同时，制度可以提高信息的透明度，[221]可以更好地约束、规范、引导员工行为。组织制度结构是组织内的具体制度构成，它规定了沟通流程、任务分配、资源流动等。组织内部具体制度包括日常经营管理制度、资料管理制度、部门之间资源分配制度、岗位责任制度、透明决策制度，等等。

杨梦源、段云龙和许跃辉分析了企业持续创新的制度结构，包括企业家管理机制、产权机制、人才资源管理机制等。[222]其中产权关系是组织制度结构的核心。[223]本书认为能够促进组织民主、透明决策的制度，能够促进企业承担效率责任的制度，能够促进企业遵纪守法的制度，能够促进企业高层相互合作的制度，信息资料管理制度与分配制度是关键的组织制度。

表 3-2 比较了员工角度和第三方角度的组织健康因素。两者都带有评价者的价值取向，都认为组织健康是多维的、复杂的，都强调组织的能力、组织的精神性因素、组织的文化氛围。但是，员工角度偏重感知，主观性更强；第三方角度相对更加客观；员工角度的组织健康因素更加具体，第三方角度的组织健康因素更加抽象；员工角度组织健康因素测量的操作过程比较简便，第三方角度操作过程有一些难度，需要甄别专家；员工对所评价企业更熟悉，第三方往往有丰富的经验、知识；员工角度评价结果的准确性、时效性更强，第三方角度准确性稍弱；员工角度提出的健康因素更多地以文献为基础，第

三方角度提出的健康因素更多地以访谈、实践为基础。

表 3-2　组织局内人和局外人视角评价组织健康因素的比较

	组织局内人视角：员工评价	组织局外人视角：第三方评价
不同点	关键因素：愿景方向、责任氛围、激励动力、协调能力	关键因素：企业精神、组织作风、组织能力、组织外向行为、组织制度结构
	偏重感知，主观性更强	相对更加客观、全面
	组织健康因素更加具体	组织健康因素更加抽象
	操作过程相对简便	操作过程有一些难度，需要甄别专家
	评价人对所评价企业更熟悉	评价人有丰富的经验、知识
	评价结果的准确性、时效性更强	准确性、时效性稍弱
	更多地以文献为基础提出健康因素	更多地以访谈、实践为基础提出健康因素
相同点	都是评价者的价值取向；都认为组织健康是多维的、复杂的；都强调组织的能力；都强调精神性因素；都强调组织文化氛围	

3.4 中国企业组织健康的测量

衡量企业组织健康程度是一件不容易的事情。但是，对中国企业组织健康程度的测量方法进行探究是有重要意义的。

企业组织健康的程度通常可以用纵向的深度（例如组织健康分数的高低）表示。企业组织健康的程度还可以用横向的广度表示，包含人事部门的员工队伍管理、财务部门的资金投放、信息部门的信息管理等。王晓静认为可以同时采用深度指标和广度指标来衡量企业组织健康程度。[224]本书在纵向深度上将企业组织健康的程度分为合格、一般、不合格，即通常所说的健康、亚健康和不健康。其中，将健康的企业进一步分为初级、中级和高级，即基本健康、健康和非常健康三个层次。[225]对不健康的企业进一步分为较差、差和危机，即轻度病态、病态和重度病态三个层次。如图 3-1所示。

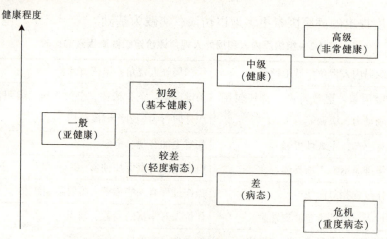

图 3-1　中国企业组织健康的程度划分

3.4.1 中国企业组织健康的定量判定方法

根据衡量企业组织健康程度的数据来源，本研究使用的收集数据的方法有：主观测量法、相对主观测量法、相对客观测量法、客观测量法。主观测量法是由企业员工进行问卷回答的测量方法；相对主观测量法是从各利益相关者角度，由企业高层管理层进行自评与他评相结合的测量方法；相对客观测量法是由第三方评分的方法；客观测量法是用一些客观数据衡量的方法。企业在实际操作中，不一定只使用一种定量测量方法，可以多种方法同时使用。这些测量方法的比较，如表3-3所示。

表 3-3　比较企业组织健康程度的不同定量测量方法

	主观测量法	相对主观测量法	相对客观测量法	客观测量法
评价者	本企业员工	本企业管理层	第三方	本企业管理层或第三方
评价参与人数	较多	较少	较多	较少
评价媒介	专业调查问卷	简易表格	专业调查问卷	客观数据
评价计分制	五级制	百分制	五级制	客观数据
评价程序	复杂	较简单	复杂	简单

3.4.1.1 主观测量法：员工角度

这里的主观测量法是指具体企业的全体员工或来自各个部门的绝大多数的员工参与调查问卷，并给企业组织健康问卷各题项评分。然后回收问卷，并对数据进行分析。

第一步骤：计算各题项平均分并判断该题项显示的健康状态。

受曾智洪的危机指数有很好、好、比较好、一般、比较差、差、很差七个等级的启发，[226] 本书将健康程度划分为七级，分别是高级、中级、初级、一般、较差、差、危机。

回收问卷后，计算各题项平均分，然后根据平均分，判别组织健康状况。假设问卷的各题项用里克特 5 分法进行判断。若平均分大于或等于 4.5，则企业组织在该题项上的健康程度是高级。若平均分大于或等于 3.5，但小于 4.5，则企业组织在该题项上的健康程度是中级。若平均分大于或等于 3，但小于 3.5，则企业组织在该题项上的健康程度是初级。若平均分大于或等于 2.5，但小于 3，则企业组织在该题项上的健康程度是一般。若平均分大于或等于 2，但小于 2.5，则企业组织在该题项上的健康程度是较差。若平均分大于或等于 1.5，但小于 2，则企业组织在该题项上的健康程度是差。若平均分大于或等于 1，但小于 1.5，则企业组织在该题项上的健康程度是危机。

简单地说，若平均分大于或等于 3，则企业组织在该题项上的健康程度是合格。若平均分大于或等于 2.5，但小于 3，则企业组织在该题项上的健康程度是一般。若平均分小于或等于 2，则企业组织在该题项上的健康程度是不合格。

表3-4　从各题项判别企业组织健康程度

各题项平均分	[4.5, 5]	[3.5, 4.5)	[3, 3.5)	[2.5, 3)	[2, 2.5)	[1.5, 2)	[1, 1.5)
健康程度	高级	中级	初级	一般	较差	差	危机

第二步骤：计算各健康因素的得分并判断在该因素上的健康状况。

仅仅获得各个题项的平均分，对于分析各个题项的健康状况是不够的。任何一项企业健康因素都是用多个题项测量的。对整个企业员工进行问卷调查，可以获得各个题项的平均分。

用 n 表示有效问卷数量，i 表示题项顺序，X_i 是指某一份问卷中第 i 题项的得分，$\overline{X_i}$ 表示第 i 个题项的平均分。根据公式 3.1 可以计算第 i 个题项的平均分，即第 i 个题项的平均分等于每份有效问卷中第 i 题项的得分总和除以有效问卷数量。

$$\overline{X_i} = \frac{\sum_{i=1}^{n} X_i}{n} \tag{3.1}$$

用 m 表示某健康因素的题项的数量，j 表示组织健康因素的数量，k_z 表示第 z 个题项的权重，$\overline{X_z}$ 表示第 z 个题项的平均分，FOH_j 表示第 j 个组织健康因素的得分。根据公式 3.2 可以计算第 j 个组织健康因素的得分，即将第 j 个组织健康因素的每个题项的权重乘以每个题项的平均分，得出该题项对第 j 个健康因素的贡献，之后结合各个组织健康因素的题项数量 z，将各个题项的贡献进行加总。

$$FOH_j = \sum_{z=1}^{m} k_z \overline{X_z} \tag{3.2}$$

然而，怎样确定各题项的权重呢？确定各题项的权重有多种方法：第一，聘请专家，用德尔菲法确定定量指标分值权重。其中权重大的指标是核心指标，权重小的指标是关联性指标。第二，请数据分析专家，运用软件，进行因子分析，最后的得分系数矩阵会显示权重。第三，参照学者已经推出的各题项现成的权重数据。

将计算出的得分与同行业的企业相比，可以看出被测企业在各健康因素上健康状况。其中，同行业的数据可以求助于专业的咨询公司。

具体判断标准：各健康因素得分在行业排名中所处的位置若在前 25%，则企业在该因素上的健康程度为高级；若在前 26% 至前 50%，则企业在该因素上的健康程度为中级；若在前 51% 至前 60%，则企业在该因素上的健康程度为初级；若在前 61% 至前 85%，则企业在该因素上的健康程度为一般；当各健康因素得分在行业排名中所处的位置在后 11% 至后 15% 时，企业在该因素上的健康程度为较差；在后 6% 至后 10% 时，企业在该因素上的健康程度为差；在后 5% 时，企业在该因素上的健康程度为危机状态。如

表 3-5 所示。

表 3-5 从各健康因素得分判别企业组织健康程度

各健康因素得分在行业中的排序	前 25%	前 26% ~ 前 50%	前 51% ~ 前 60%	前 61% ~ 前 85%	后 11% ~ 后 15%	后 6% ~ 后 10%	后 5%
健康程度	高级	中级	初级	一般	较差	差	危机

简单地说，各组织健康因素得分在同行业中的排序若在前 60%，则该因素的健康程度是合格的；若在前 61% 至前 85% 则为一般；若在后 15%，则该因素的健康程度是不合格的。

此外，在企业与整个区域各个行业的企业相比时，该数据可以作为与同行业相比的补充。所在区域各行业各健康因素得分的数据可以求助于专业的咨询公司。

第三步骤：计算组织健康总得分并判断企业总的组织健康状况。

在前面两个步骤的基础上，再根据公式 3.3 可以计算企业组织健康的总得分。TOH 表示组织健康总得分，FOH_j 表示第 j 个组织健康因素的得分，k_j 表示第 j 个组织健康因素的权重，j 表示组织健康因素的数量，共有 4 个。企业组织健康总得分等于将各个组织健康因素的得分与各自权重相乘之后，再进行加总。

$$TOH = \sum_{j=1}^{4} k_j FOH_j \tag{3.3}$$

同样，有多种方法可以确定各个健康因素的权重。第一，聘请专家，用德尔菲法确定各健康因素权重。第二，请数据分析专家，运用软件，进行因子分析，最后根据该健康因素所解释的方差的比重来计算权重。第三，参照学者已经推出的各健康因素的权重数据。

根据计算的组织健康总得分可以确定企业的健康程度，还可以计算组织健康总得分的行业排名和区域排名。

值得注意的是，判断企业组织健康程度仅仅看组织健康总得分还是不够的。至少，组织健康包含的四个健康因素的得分都要占到一定比重。

综合前面步骤可以得出，企业组织健康程度的综合判定标准，如表 3-6 所示。

表3-6　企业组织健康程度综合判定标准

各题项平均分	[4.5, 5]	[3.5, 4.5)	[3, 3.5)	[2.5, 3)	[2, 2.5)	[1.5, 2)	[1, 1.5)
健康因素得分排名	前25%	前26% ~ 前50%	前51% ~ 前60%	前61% ~ 前85%	后11% ~ 后15%	后6% ~ 后10%	后5%
组织健康总分排名	前25%	前26% ~ 前50%	前51% ~ 前60%	前61% ~ 前85%	后11% ~ 后15%	后6% ~ 后10%	后5%
企业组织健康程度	高级	中级	初级	一般	较差	差	危机

如果一家企业组织的每个题项平均分都为3分或以上，各健康因素的得分在行业排名中都居前60%，组织健康总得分在行业排名中居前60%，则这家企业的组织健康程度是合格的(包括初级、中级和高级)。

如果一家企业组织的每个题项平均分为2.5分或以上，但小于3，各个健康因素得分在行业排名中都居前61%至前85%，组织健康总得分在行业排名中居前61%至前85%，则这家企业的组织健康程度是一般。

如果一家企业组织的每个题项平均分都为2.5分以下，各健康因素的得分在行业排名中都居后15%，组织健康总得分在行业排名中居后15%，则这家企业的组织健康程度是不合格的(包括较差、差和危机)。

值得说明的一点是，在实际操作中，对随机抽查的大样本进行分析后会发现，各题项平均分、各组织健康因素得分在行业中的排名、组织健康总分在行业中的排名不一定恰好同时处于同一水平，例如初级，这时候综合判断企业组织健康程度就变得更加复杂。这需要结合概率知识进行综合判断，该内容不在本研究的深入讨论之内。

3.4.1.2　相对主观测量法：除员工之外的主要利益相关者角度

相对主观测量法，即用专门设计面对除员工之外的主要利益相关者的企业组织健康调查问卷，并根据自评和他评的结合得分来分析企业组织健康程度。自评主要应用的是企业管理者自己掌握的一些数据和信息。他评时，有些数据自己则无法获得，只能通过各利益相关者参与评分才能获得。

本研究中除员工之外的主要利益相关者指股东、客户、供应商、社区（包含政府部门）。

股东可以从股东权益、股东参与、信息披露、企业研发等方面进行调研，其中具体指标可以细化。例如，股东权益可以用企业净利润增长率、财务报告是否真实可信来反映；股东参与可以用年均接待投资者实地调研次数、年均召开股东大会次数来反映；信息披露可以用年均对外信息披露数量来反映；企业研发可以用全年开发新产品数量、新产品比例、全年投入科研经费来衡量。表3-7显示了股东角度的评价指标。

表3-7　股东角度评价组织健康的指标

	二级指标	目标值
股东权益	企业净利润增长率 财务报告是否真实可信	大于零 真实可信
股东参与	年均接待投资者实地调研次数 年均召开股东大会次数	多 多
信息披露	年均对外信息披露数量	多
企业研发	全年开发新产品数量 新产品比例 全年投入科研经费	多 大 多

客户可以从产品质量、企业营销、企业认证、客户印象等方面来调查。产品质量可以用消费者投诉次数、质量管理体系建立、质量合格率、消费者投诉率、年均处理质量异议数量来衡量；企业营销可以用是否有虚假广告、广告投入占总销售额比例来衡量；企业认证可以用是否通过质量管理体系认证来衡量；客户印象可以用迅速处理顾客抱怨和退货要求、泄露或非法使用客户信息来衡量。表3-8显示了客户角度的评价指标。

表 3-8　从客户角度评价组织健康的指标

一级指标	二级指标	目标值
产品质量	消费者投诉次数	少
	是否建立了质量管理体系	是
	质量合格率	高
	消费者投诉率	低
企业营销	虚假广告	无
	广告投入占总销售额比例	适当
企业认证	质量管理体系认证	有
客户印象	迅速处理顾客抱怨和退货要求	是
	泄露或非法使用客户信息	没有

　　针对供应商，要有良好的商业伙伴关系，调查内容包括供应商关系管理、遵守公平竞争原则、供应商资质管理和供应商建议处理。如表 3-9 显示。

表 3-9　从供应商角度评价组织健康的指标

一级指标	二级指标	目标值
供应商关系管理	长期拖欠或无故克扣供应商款项的年均次数	零
	合同履约率	高
	供应商满意度	高
遵守公平竞争原则	有体现反垄断的政策制度	是
	违反公平竞争原则的次数	少
	直接公开招标项目数量	多
	不正当竞争投诉数量	无
	违约数量	无
供应商资质管理	淘汰不良供应商制度	有
	年均新引进供应商数量	大于零
	年均招标采购次数	多
供应商建议处理	供应商投诉和建议受理率	高
	供应商投诉和建议处理率	高

供应商关系管理可以用长期拖欠或无故克扣供应商款项的年均次数、合同履约率、供应商满意度来衡量；遵守公平竞争原则可以用体现反垄断的政策制度、违反公平竞争原则的次数、直接公开招标项目数量、不正当竞争投诉和违约数量来衡量；供应商资质管理可以用淘汰不良供应商制度、年均新引进供应商数量、年均招标采购次数来衡量；供应商建议处理可以用供应商投诉和建议受理率、供应商投诉和建议处理率来测量。

社区(包含政府部门)调查内容包括环境治理、公益事业、公共关系。具体指标可以细化为：用企业制度中是否有环境保护规划、环境污染违法记录的次数来衡量环境治理；用慈善捐款占税前利润比率、全年公益活动次数、社区居民对企业的满意度来衡量公益事业；用媒体正面报道次数、媒体负面报道次数来衡量公共关系。表3-10清楚地显示了社区角度评价指标。

表3-10　社区视角评价组织健康的指标

一级指标	二级指标	目标值
环境治理	企业制度中是否有环境保护规划	有
	环境污染违法记录的次数	零
公益事业	慈善捐款占税前利润比率	较高
	全年公益活动次数	多
	社区居民对企业的满意度	高
公共关系	媒体正面报道次数	较多
	媒体负面报道次数	较少

相对主观测量法的具体操作，可以用百分制评价、自评与他评相结合的方法。二级指标中每个题项可以评0～100分，90分及以上为高级，80分至89分为中级，70分至79分为初级，60分至69分为一般，50分至59分为较差，40分至49分为差，39分及以下为危机。一级指标由各二级指标分数加总之后再进行平均得到。最后，对各一级指标进行算术平均，分别得到股东方面的得分、客户方面的得分、供应商方面的得分和社区方面的得分。任何组织都需要在股东方面的得分、客户方面的得分、供应商方面的得分和社区方面的得分上达到一定的标准。

在评价企业组织健康程度时，若股东方面的得分、客户方面的得分、供应商方面的得分和社区方面的得分都大于 60 分，则企业组织健康程度为合格。如果有三方面达到 60 分以上，一方面小于 60 分，则企业组织健康程度为一般。如果有两方面达到 60 分以上，另外两方面小于 60 分，则企业组织健康程度为较差。如果有一方面达到 60 分以上，三方面得分小于 60 分，则企业组织健康程度为差。如果这四方面全部小于 60 分，则企业组织健康程度为危机。

3.4.1.3 相对客观测量法：第三方评分

相对客观测量法是对专家或与具体企业没有直接利益关系但对该企业熟悉的第三方人群进行问卷调查，并对各题项进行评分。该方法对企业组织健康的体检流程与员工角度主观测量法类似。

第一步骤：计算各题项平均分并判断该题项显示的健康状态。

第二步骤：计算各健康因素的得分并判断在该因素上的健康状况。

第三步骤：计算组织健康总得分并判断企业总的组织健康状况。

此后，该方法对企业组织健康程度的判断标准与员工角度主观测量法的最后讨论部分类似。

3.4.1.4 客观测量法

客观测量法是用客观的数据来测量。其可操作性的方法有：收集和记录本企业主营业务产品的生命周期；收集和记录行业同类产品的生命周期；计算本企业主营业务产品的生命周期/行业同类产品的生命周期。

判断标准：与同行业比较，若主营业务产品生命周期高于行业同类产品生命周期则企业组织健康程度为合格；若主营业务产品生命周期等同于行业同类产品生命周期则企业组织健康程度为一般；若主营业务产品生命周期低于行业同类产品生命周期则企业组织健康程度为不合格。

3.4.2 中国转型期企业组织健康的简易定性判定方法

在中国转型期的制度背景下，企业的合法性关系到组织是否健康。根据企业业务的合法性和企业的存活性，可以给企业分类。结合中国转型期国情，若企业所从事业务和经营业务的过程符合有关法律、政策文件，则记为白色合法。若企业所从事业务和经营业务的过程违反有关法律、政策文件，则记为黑色违法。而不存在对企业所从事业务和经营业务的过程进行约束的具体的法律条款、政策文件时，则记为灰色不违法。

中国转型期存在一些新生企业（例如创新型企业），也存在一些历史留下的企业（例如僵尸型企业）。它们的组织健康状况仅仅用合法性标准来进行判断是不妥当的。企业健康意味着企业是适应环境的，是活着的。死亡是企业不健康的极端形式。因此，企业组织的健康程度与存活性有关。

在中国转型期，一些企业不营利但是都因获得财政支助而存活了下来。僵尸型企业就是非营利存活企业中的典型例子。还有一些企业虽不营利但是在等待机会，没有破产或倒闭。根据存活企业的营利性，可以将企业分成营利存活和非营利存活。

综合合法性和存活企业的营利性可以把企业分为：黑色违法且营利存活、黑色违法且非营利存活、灰色不违法且营利存活、灰色不违法且非营利存活、白色合法且营利存活、白色合法且非营利存活。

在中国转型期，这些不同类型企业的组织健康程度有没有简易的定性评定标准呢？答案是肯定的，可以用简易的合格、一般、不合格，即健康、亚健康、不健康来作为组织健康的程度。本研究提出的中国企业组织健康程度简易定性分析方法，如表3-11所示。

表3-11　转型期企业组织健康的简易定性分析方法

合法性	存活		死亡
	营利存活	非营利存活	
黑色违法	不合格、不健康 （例如贩卖毒品的企业）	不合格、不健康 （例如造假硬币）	不合格、不健康
灰色不违法	合格、健康 （要时刻跟踪政策）	一般、亚健康 （难以永续）	不合格、不健康
白色合法	合格、健康 （多数企业）	一般、亚健康 （难以永续）	不合格、不健康

黑色违法且营利存活、黑色违法且非营利存活这两种企业的组织健康程度都是差的，即都不合格、不健康。黑色违法且营利存活相应的例子有贩卖毒品的企业。黑色违法且非营利存活的例子也存在。如某企业造假币是违法

的，而且因技术问题不但成本高且非营利。

灰色不违法且营利存活这类企业的组织健康程度是合格的、健康的。该类企业从事的业务是法律没有规定的，也可能是法律滞后于现实需求。笔者调研了一家科技企业，它的业务是解决安全问题、信息问题等前沿问题。但是现在该企业在法律上还没有地位。《建筑法》中有工程的建筑方、监理方等，但没有规定解决安全问题、信息问题的企业属于哪一方。

灰色不违法且非营利存活这类企业的组织健康程度是一般，即亚健康。还是用同样的例子来说明。上海某科技公司前景很好，正如其中一位高层认为的那样："市场规模还是比较大的，属于不充分竞争阶段；市场处于刚起步阶段。各省会城市、地级市都有修建地铁的规划，但做安全管理的才几十个城市；地铁建好后，运营中也有安全风险管理。"某年，该科技公司由于大客户拖欠项目款项，处于非营利状态。这类公司同时处于灰色地带和非营利存活，即使企业前景好，在当前情况下，企业的组织健康程度也是一般，即亚健康。

白色合法且营利存活这类企业的组织健康程度是合格、健康。在中国转型期，我们对组织健康的标准可以规定得比发达市场经济国家的企业组织健康的标准略低。只要企业从事合法的业务，同时是营利存活的，就认为企业组织健康是合格的、健康的。

白色合法且非营利存活这类企业的组织健康程度是一般、亚健康。在中国转型期，有一些企业持续亏损但还活着。活着意味着企业能生存。但从长远看，这类企业难以永续经营。笔者对某国有企业进行了调研。关于企业财务状况，一位中层管理者回答："公司自 2005 年一直亏损到现在。最差的时候一年亏损 7 亿多元，近几年亏损 2 亿多人民币。"从短期看，活着就是健康。但是，如果企业自身一直亏损，市场前景也不乐观，那么白色合法且非营利存活这类企业的组织健康程度是一般，而不是合格的、健康的。

从表 3-11 可知，白色合法且营利存活企业、灰色不违法且营利存活企业的组织健康程度是合格的、健康的。白色合法且非营利存活企业、灰色不违法且非营利存活企业的组织健康程度是一般、亚健康。换句话说，合法企业，不论是营利还是非营利存活，其组织健康程度都为亚健康及以上；不违法企业，不论是营利还是非营利存活，其组织健康程度都为亚健康及以上。

黑色违法企业，不论是营利存活还是非营利存活，其组织健康程度都是不合格、不健康的。任何死亡企业的组织健康程度都是不合格、不健康。任何非营利存活企业的组织健康程度至多是亚健康。营利存活企业的组织健康程度不一定合格、健康。

因此，营利存活是中国转型期企业组织永恒的目标。要守住"底线"，即不违法是中国转型期健康企业组织的必要条件。

表3-12对简易定性分析法和定量判定方法，特别是量表测量法进行了比较。两种方法既有一些互通点，又有一些不同点。两种方法之间的互通点在于：简易定性分析法与组织健康量表分析法相互补充。定性分析是定量分析的前提。定量分析是定性分析的具体化。结合两种不同方法进行分析的结果会更全面。

表3-12 组织健康定性分析与定量判定方法比较

	简易定性分析法	组织健康定量测量法
互通点	简易定性分析法与组织健康量表分析法相互补充。定性分析是定量分析的前提。定量分析是定性分析的具体化。两种不同方法进行结合分析的结果更全面。	
不同点	可以分析单个企业，无须大量人员参与评价。	通常分析很多家企业总体，但如果分析具体单个企业需要有一定数量的员工参与。
	操作简单方便，突出企业的存活、合法、营利，这些方面都相对比较容易获知。	操作比较复杂，测量的健康因素较多，这些健康因素是内在的，不容易观察。
	偏重直觉，主观性更强，对统计学等知识依赖性小。	使用统计数据，更加客观，需要有数学、统计学等基础知识。
	结论比较有概括性、更加粗糙，组织健康程度只有健康与不健康两级。	结论更加详细、更加科学，可以测出更详细的组织健康程度，例如将健康再细分为初级、中级、高级。
	适用范围比较狭窄，例如中国转型期特色背景。	适用范围更广泛，除了适合中国转型期外，量表经修正后还可应用到其他国家(地区)。
	对评价人数量没有特别的要求，往往进行文字或语言描述评价组织健康程度。	对评价人数量有一定的要求，往往进行问卷调查，用具体数据揭示组织健康程度。
	是一种人文主义取向的研究方法，用归纳法。	是一种实证主义取向的研究方法，用演绎法，先假设，后检验。

　　两种方法的不同点体现在：简易定性分析法可以分析单个企业，无须大量人员参与评价；而量表法通常分析很多家企业总体，但如果分析具体单个企业需要有一定数量的员工参与。简易定性分析法操作简单方便，突出企业的存活、合法、营利，而且这些方面都相对比较容易获知；而量表法操作比较复杂，测量的健康因素较多，而且这些健康因素是内在的，不容易观察。简易定性法偏重评价人的直觉，主观性更强，对统计学等知识依赖性小；而量表法使用统计数据，更加客观，需要有数学、统计学等基础知识。简易定性法得出的结论比较有概括性、更加粗糙，组织健康程度只有健康与不健康两级；而量表法得出的结论更加详细、更加科学，可以测出更详细的组织健康程度，例如健康再细分为初级、中级、高级。简易定性法适用范围比较狭窄，例如中国转型期特色背景；而量表法适用范围更广泛，除了适合中国转型期外，量表经修正后还可应用到其他国家（地区）。简易定性法对评价人数量没有特别的要求，往往进行文字或语言描述评价组织健康程度；而量表法对评价人数量有一定的要求，往往进行问卷调查，用具体数据揭示组织健康程度。简易定性法是一种人文主义取向的方法，用归纳法；而量表法是一种实证主义取向的方法，用演绎法，先假设，后检验。

3.5 中国企业组织健康的动态性

　　人可能从健康到生病，再到死亡；也可能从健康到生病，再到恢复健康。企业也是如此，企业组织健康会随时间而发生动态的变化。动态性是企业组织健康的属性。

　　本研究认为，不管企业组织健康状态的研究起点是什么，其每个阶段相对于前面阶段的演化路径只有三种可能：组织健康程度更高、持平、更低，即更加健康、保持原有健康水平、更加不健康。而企业组织健康程度到达新的"地点"之后，接着的演化路径还是这三种可能。随着时间推移，企业组织健康程度到达另一个新的"地点"，接着的演化路径也还是这三种可能：组织健康程度更高、持平、更低。这样，企业组织健康程度不断演化。如果把时间的长河分成无数个小阶段分析组织健康程度的变化，那么企业组织健康演化的路径就有无数条。

3.5.1 企业组织健康常见的演化路径

从长期看，常见的企业组织健康演化路径有三种：倒 U 型、不断向上型、反复恢复型。如图 3-2 所示。本书将独角兽企业的组织健康演化路径不列入常见的组织健康演化路径范围。独角兽企业具有创办时间不久，市场估值高于 10 亿美元等特点。这类企业一开始组织健康程度就较高。随着企业的指数型增长，组织的健康程度也快速提升。在到达一个高点之后，组织健康的程度会怎样变化不得而知。也许组织健康程度在高位不断反复；也许组织健康程度逐渐下降，最终企业死亡；也许组织健康程度突然快速下降，甚至企业快速死亡。

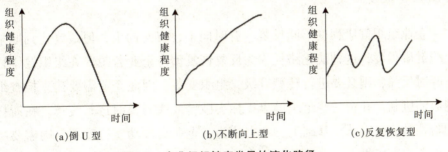

图 3-2　企业组织健康常见的演化路径

3.5.1.1 倒 U 型

随着时间演变，企业组织健康先向上变化，在顶部经过反复，最后不断向下，直到企业死亡为止，这种企业组织健康的演变类型称为倒 U 型。绝大多数的企业组织健康的演化路径是这种类型的。

企业死亡是企业组织健康的极端形式，以企业不在工商管理部门年检为标志。虽然企业死亡的原因各种各样，但企业都是在组织健康恶化之后才消亡的。企业遇到诸如法律诉讼、破坏性传闻、媒体高频率的负面报道、政府介入调查等事件会导致其快速死亡。这些事件正是图 3-2（a）中倒 U 型曲线顶部的转折点。因员工士气低下、企业价值观逐渐恶化等导致企业在商业竞争中失败，则可能使企业快速死亡，也可能使企业慢速死亡。中国转型期企业典型的死亡原因有：商业竞争、政商关系、非法集资、公众危机。其中，政商关系、非法集资导致企业死亡是中国特有的原因。

3.5.1.2 不断向上型

随着时间演变，企业组织健康不断向上的演化过程称为不断向上型。从各个小阶段看，企业组织健康程度总是提高是难以做到的。但从长期趋势看，企业组织健康不断改善是可能的。组织健康不断向上型是一种理想状态，会使企业不断走向卓越。但只有极少数企业组织健康会不断向上演化。

要使企业组织健康成为不断向上型，必须具备一些必要条件：一是环境没有发生能置该企业组织于死地的突然变化。二是企业组织不断地主动与环境互动，适应环境并一定程度上创造环境。

3.5.1.3 反复恢复型

企业组织健康程度不断反复，有时向下，有时向上，但最终达到原来的组织健康程度，这种演化路径称为反复恢复型。企业若想要在组织健康程度下降时反弹，则必要进行转型升级、组织变革。因此企业需要建立检查组织健康的机制，并在一些组织健康指标突破警戒线时及时进行变革。在斯托纳和哈特曼的研究[227]基础上，本书认为，企业要成功实行变革，则需要高层管理者的真正投入、全体员工的参与、明确的组织战略方向、系统的变革方案及其实施和评估。企业成功的转型或变革阶段很可能是图 3-2(c) 中的曲线谷底。然而，变革不一定能成功。不成功的转型或变革阶段可能是曲线"下坡路"中间的某一段，甚至可能是曲线的顶部。联想集团是组织健康程度不断反复的典型例子。

3.5.2 企业容易出现组织健康问题的时间段

研究企业在什么时间上容易出现健康问题，就是探究企业生命周期内各阶段的组织健康问题。根据企业年龄、规模、现金流等可以将企业生命周期划分为创业期、成长期、成熟期和衰退期。虽然各个阶段都会有不同程度的组织健康症状，但是最容易出现组织健康问题，甚至企业死亡的时间段是创业期和衰退期。

企业在创业期容易死亡，造成企业死亡的原因有很多。例如：在创业期，企业管理者往往缺乏经验，企业组织结构不完善，组织效率不高；企业无知名度，组织的合法性还没有被认可；企业发展方向不明朗，员工的职责不明确，组织激励措施有限；资金融资渠道少，资金投入有限；资金链条容易断裂，研发风险大，流入现金少，抓住商业机会的能力比较弱。为了生存下去，企业需要从根本上集中于主要的业务，充分发挥少数员工之间的凝聚力，千方百计扩大企业产品和相应服务的收入。

企业在衰退期则会出现各种组织健康问题，例如组织作风问题、组织激励问题、管理混乱问题、组织协调问题。如果处理不好，企业就很可能死亡。虽然该时间的许多组织健康症状是在成熟期潜伏，但其在衰退期表现得特别明显。如企业闲置资源多、决策速度慢、销售收入下降明显、员工离职率高等。为了恢复活力，此时企业需要精简机构，打破部门之间的"墙壁"，寻找新的利润增长点，并千方百计地寻找新的投资机会，以实现企业蜕变。

3.6 研究假设与概念模型的提出

从本书第 2 章可知，一些文献研究了影响企业组织健康的变量。即使如此，仍然有一些影响企业组织健康的变量没有被提出。我在阅读文献和对企业实践人员实地访谈的基础上，探讨了一些关于组织健康理论的关键变量。

问题一：为了达到更高的企业组织健康水平，是否需要关注企业外部的环境？

答案是肯定的。企业处于一定的环境之中，外部环境如金融环境、制度环境、经济环境等都会极大地影响企业组织健康。人在春季容易感冒，为什么？主要是春季雨水多、温度适宜细菌的繁殖等导致感冒。2008 年美国发生金融危机时，中国大量国际贸易企业倒闭或转型，为什么？同样的道理，由外部环境导致的。由于外部环境可以影响企业组织健康，因此研究企业组织健康的时候，应该关注外部环境。

问题二：中国转型期，企业外部环境是否有不确定性？

答案是肯定的。其实，战略管理中的环境适应学派、能力学派都认为企业外部环境是动态的、难以预测的。中国转型期，环境高度不确定性是很关键的一个特征。

首先，经济环境是不确定的。这具体体现为市场规模、竞争对手、需求的稳定性等都是不确定的。

其次，制度环境是不确定的。例如，政府支持政策（税收、信贷等）、限制政策、市场规则等都是不确定的。

再次，法律环境是不确定的。转型期中国的许多法律都在修改，例如最低工资法。

最后，技术环境是不确定的。材料、工艺、信息与自动化技术等都是日新月异的。

此外，社会文化环境虽然相对稳定，但也不是固定的。中国企业中，熟人权力结构是广泛存在的。随着西方管理思想的引入和传播，绩效管理被很多企业推广。

总之，在从计划经济体制向市场经济体制的转型中，经济、技术、政策等在不断变化，人们的观念在改变，这就导致企业各种决策的结果是不确定的，企业对未来的准确预测也是比较困难的。因此中国转型期的较高环境不确定性影响着企业的运营。[228]

问题三：转型期是否有必要关注政府支持？

有必要。政府支持是中国转型期的一个重要的制度因素。由于存在行政区划，中国转型期存在市场分割现象。政府为了增加当地财政收入、促进当地经济发展和社会稳定，往往会对当地企业进行一定的支持。政府支持是政府以帮助企业为动机的各种直接或者间接的行为总和。

政府支持形式有项目支持（税收优惠、土地优惠）、技术信息支持、市场信息支持、财务融资支持、政策许可支持，甚至政府采购企业产品。

问题四：还需要关注哪些变量？

企业年龄、企业绩效都是国内外企业管理文献所重视的。这两个变量与组织健康紧密相关。因此，本研究结合中国转型期背景，将环境不确定性、政府支持、企业年龄、企业绩效作为企业组织健康模型的关键变量并进行研究。用政府支持来作为影响组织健康的前因变量；而将企业年龄、环境不确定性作为组织健康和企业绩效之间关系的调节变量。

值得说明的是，信息技术、组织战略、组织公正、组织结构、组织学习等企业内部条件都可能影响企业组织健康。为了突出转型期背景，本研究只选取政府支持这个关键自变量进行研究。

3.6.1 政府支持与组织健康

政企关系是一项制度因素。政府在给企业政策支持的同时也给企业指明了发展方向。这样，政府支持就有助于企业的战略制定，同样企业获得政府支持也意味着发展方向是被认可的。因此，结合制度理论，企业更容易获得组织的合法性。政府支持有利于企业克服制度压力。此外，政府支持有助于领导团队变得更加有凝聚力。

根据利益相关者理论，政府本身是企业的利益相关者，政府的支持可以影响企业的生存环境。其中政府公共服务有利于企业转型升级。[229]即更有利于企业更加健康地成长。此外，政府支持有信号作用，会给企业的其他利益相关者带来影响。首先，对外部来说，企业更容易受到供应商、客户、投资方等其他利益相关者的信任。这样，政府支持有利于企业获取更加广泛的资源及提高企业获取资源的效率，也有利于企业吸引投资，[230]从而使企业更好地抓住商业机会。其次，对内部来说，组织氛围是决定组织健康与否的不可忽略的因素。政府支持不仅可以正向影响企业家信心，[231]而且会使员工认为自己的工作具有神圣性，从而使其更有责任心、更有动力做好工作。因此，政府支持对组织氛围具有重大的影响。总之，在政府支持的条件下，利益相关者会增加对企业的信心，组织成员更能受到激励，企业更能鼓舞人心。

政府支持与中国转型期情境的契合进一步支持了上述的推理。政府支持提供了市场变化的信息。受到政府支持，企业能方便地了解市场走势，从而提高组织响应市场的能力。政府支持可以推动企业商业模式的创新，促进企业动态能力。[232]得到政府支持，企业更容易对市场环境做出快速反应。朱松、杜雯翠和高明华发现地方政府对企业的支持有利于企业开发新产品。[233]这是对市场进行反应的一种企业行为。

在本书中，组织健康是组织在一定时期内所有健康因素的综合状态，其中愿景方向、责任氛围、激励动力、组织能力等是关键的健康因素。综上所述，政府支持对企业的组织健康具有促进作用。因此，本书假设如下：

H1：政府支持正向显著影响组织健康。

3.6.2 组织健康与企业绩效

健康是有价值的，能够带来增加的企业价值。在中国转型期企业健康程度普遍不高的条件下，组织的健康是稀缺的。组织健康又是复杂的，形成过程是微妙的、含蓄的，由此决定了其难以模仿性。组织健康不能通过市场进行交易，只能是日积月累的结果，因此也是难以替代的。由此可得出，组织健康是有价值的、稀缺的、难以模仿的、不可交易的、难替代的。根据资源基础理论，组织健康又是重要的资源，有助于企业获取可持续的竞争优势和良好的企业绩效。

根据组织健康文献，组织健康可以影响企业绩效、企业竞争优势等。凯勒、普拉斯认为组织健康和组织绩效不仅仅具有相关性，还有因果关系。他们还用数据证明了企业之间绩效的差距有 50% 可以归因于组织健康。企业绩效是组织目前状况和未来潜在经营效率的评估。熊淑萍认为组织健康可以促进企业财务增长。[234]而财务增长又能在很大程度上体现企业的经营效率。麦克林和布拉泽顿更是直接指出组织健康可以影响企业绩效。[178]

组织健康对企业绩效的促进，还来自组织健康对员工组织承诺的提升。组织健康可以正向影响员工的组织承诺。[143]而员工组织承诺的提升，又会带来个人生产效率的提高，进而影响组织的整体效率。生产能力提升、经济效率提高是健康管理的归宿点，[235]这正说明了企业组织健康管理是获得企业绩效的途径。此外，组织健康对企业绩效的促进，还来自组织使命、组织能力等构成组织健康的因素。而合适的组织使命能够促进企业的财务业绩。[236]不仅如此，组织能力还与企业绩效显著正相关。[237]因此，我提出以下假设：

H2：组织健康正向显著影响企业绩效。

3.6.3 企业年龄可以调节组织健康和企业绩效的关系

企业绩效不仅取决于组织健康，还依赖企业年龄。企业年龄可以分为衡量企业成立之后生存时间的自然年龄、衡量企业生命体活力的商业年龄。本书取自然年龄之意。

企业年龄的差异可能导致组织健康对企业绩效有差异的影响。根据组织生态理论，新生的组织，即企业年龄较小的时候拥有的资源有限，外界环境对新来者不利。企业成立不久时，员工激励等制度往往没有很完善、很成熟，组织愿景往往不明朗，员工的工作责任分工往往不够明确，组织抓住环境机会的能力往往比较弱。当包含这些因素的组织健康程度更高时，员工更有积极性，这将极大地带来更好的企业绩效。随着企业年龄的增大，企业会有更多的经验，组织激励体系也会建立；企业会有更强的能力，组织也更加协调；企业会有更多的资源，也更能把握环境机会。因此，此时企业的组织健康程度更高。组织健康程度的提高也会带来更好的企业绩效。然而，如果企业年龄过大，那么组织则有老化的风险。官僚作风、多头管理等问题就会出现，这会给企业绩效带来压力。此外，较老的组织的业务是高度惯性和不变的，并逐渐与环境偏离。德莱尼和胡塞利德认为企业年龄与企业绩效负相关。[238]也就是说，在企业年龄增大的条件下，尽管组织健康依旧可以带来良好的企业绩效，但是企业年龄大使得组织健康的维持和促进需要更多的成本，提高企业绩效的难度增大。因此，正如有些学者将企业年龄作为调节变量[239]一样，我提出假设：

H3：企业年龄负向显著调节组织健康与企业绩效之间的关系。

3.6.4 环境不确定性可以调节组织健康和企业绩效的关系

不管在什么时候，环境不确定性都是一种客观的现象。环境不确定性越高，意味着企业面临的外部环境(顾客需求、竞争对手行为、资源获取难度、行业技术等)的变化越迅速，这种变化越具有复杂性和不可预测性。

一方面，环境不确定性越高，越不利于企业绩效。在环境不确定性高的环境中，竞争基础会不断被改变。根据权变理论，组织的特征要与环境相匹配。匹配意味着组织要调整、适应、符合环境，与环境一致等。为了适应变化了的环境，有时候企业需要变革商业模式。环境不确定性高不仅意味着企业难以获得可靠的信息，而且得到的信息会很快会失去时效。根据企业知识观，在较高不确定性环境下，企业拥有的知识是不完全的。因此，企业管理者很难做出正确决策，战略失败的风险也较大。此外，企业在环境不确定性程度高的条件下获取资源比在稳定的环境中更难。根据交易成本理论，在较高环境不确定性情况下，企业会产生较高的交易费用。根据以上论述，我们可以认为，环境不确定性负向影响企业绩效。

另一方面，环境不确定性会促进企业组织健康。首先，根据动态能力理论，环境不确定性可以促进企业提升组织能力，而组织能力是企业组织健康的很关键的因素。根据王凯瑟琳和阿曼德的研究，在环境不确定性条件下，企业适应能力、吸收能力、创新能力会得到提升。[53]与此类似的还有科伯格和翁格森认为，面临环境不确定性时，组织会调整行为以适应新环境。[240]其次，环境不确定性作为一种刺激物，会激发组织成员的努力，并触发集体感知。[241]也就是说，在某种程度上，环境不确定性可以促进组织协调和组织内部员工之间的合作。最后，环境不确定性可以促进人们借助科学的理论和方法来经营企业。

在环境不确定性程度较高时，组织健康虽然能帮助企业获得更好的绩效，但会因为缺乏有效保护机制而难以获得持久的、潜在的企业收益。相反，在较低不确定环境中，企业更容易因组织健康而提升企业绩效。组织健康对企业绩效的促进关系在高度不确定性环境中比在低度不确定性环境中更弱。因此，本研究提出以下假设：

H4：环境不确定性负向显著调节组织健康与企业绩效之间的关系。

3.6.5 政府支持与企业绩效

根据制度经济学，在交易中存在交流成本、时间成本等。交易中的个体是有限理性的，存在因不信任而产生的道德风险、逆向选择等。减少不确定性，能带来交易成本的缩减。而信任能减少不确定性，进而减少交易成本。曾敏刚、吕少波和吴倩倩证明了政府支持对客户信任、供应商信任均有显著正向影响。[242]因此，政府支持能节约企业市场交易费用，从而提高企业经营效率。而企业绩效正是对企业经营效率的评估。因此，交易成本理论是政府支持能正向影响企业绩效的理论基础。

政府支持能对企业绩效产生促进作用，这可以进行逻辑上的论证。首先，政府执行对企业有利的人才、税收、产业等政策可以在一定程度上减少企业的运营成本。其次，政府提供的技术信息和技术支持可以促进企业进行研发投入，并进行商业模式创新。再次，政府提供的市场信息方便企业了解市场走势，有助于企业对商品进行合理定价和库存管理。此外，政府提供的财务支持可以增加企业的总资产，从而提高企业的抗风险能力。最后，政府提供的进出口等许可能扩大企业的国内外销售额。

有一些国外学者已经证明，政府支持能带来增强的企业绩效。[243]此外，国内学者研究发现政府支持可以促进企业绩效。[244]综合以上理论、推理和实证证据，本研究提出以下假设：

H5：政府支持正向显著影响企业绩效。

3.6.6 政府支持、组织健康与企业绩效

现有企业绩效文献表明，影响企业绩效的因素很多，有来自组织内部的因素，也有来自组织外部的环境因素。来自组织内部的因素有组织结构、组织能力、组织文化、组织激励、组织学习等。来自组织外部的环境因素有经济周期、政治关联等。

从前面的政府支持与企业绩效关系的推理、组织健康与企业绩效关系的推理中可以知道，政府支持和组织健康均会促进企业绩效。政府支持可以说是促进企业绩效的一种外因，而组织健康是促进企业绩效的一种内因。根据外因通过内因起作用的规律可以发现，政府支持之所以会影响企业绩效，关键是因为政府支持有助于组织健康的提升，进而带来企业绩效的提升。政府支持与组织健康关系的推理在前文也有论述。这样就可得出，企业组织健康是连接政府支持和企业绩效的重要桥梁。因此，本研究提出以下假设：

H6：组织健康在政府支持与企业绩效之间起中介作用。

3.6.7 企业年龄调节组织健康的中介作用

前文论述了组织健康、政府支持的重要作用，然而企业绩效还可能受企业年龄影响。企业生命周期理论认为，企业绩效在创业期、衰退期通常稍差，而在成长期、成熟期稍好。

在企业年龄较小时，政府支持对企业绩效的作用更多依赖于组织健康的中介作用。首先，相比于企业年龄较大，当企业年龄较小时，政府支持对组织健康的影响也更大。因为企业年龄较小时，其管理经验和专业知识较少；内部成员之间的分工合作还处于磨合期；还没有稳定的客户群；与上下游企业的关系还不成熟。如果企业在年龄较小时得到政府的支持，则企业将更容易得到利益相关者的帮助和认可，组织健康程度的提升也更加容易。其次，在前文 H3 推理中，我们已经提到，在企业年龄较小时，组织健康程度的提

高将极大促进企业绩效。即，相比于企业年龄较大，当企业年龄较小时，组织健康对企业绩效的影响更大。因为相比于企业年龄较大，在企业年龄较小时，政府支持对组织健康的影响也可能更加显著，同时组织健康对企业绩效的影响可能更加明显，所以，本研究推测，政府支持对企业绩效的影响更多地通过组织健康的中介作用产生效果。

在企业年龄较大时，组织健康在政府支持与企业绩效之间的中介作用较弱。首先，随着企业年龄的增大，政府支持对组织健康的促进作用可能下降。企业年龄较大时，企业的合法性已经被认可，也已获得了各类利益相关者的支持，企业内部的规范相对有序，且显示出较好的组织能力。这样政府支持对企业健康的作用就没有那么要紧和急迫了。其次，如前文 H3 的推理，若企业年龄太大，则尽管组织健康依旧能促进企业绩效，但健康的维持需要更多的成本，提高企业绩效的难度也将增加。

因此，企业年龄可能负向调节组织健康在政府支持与企业绩效之间的中介作用。即企业年龄越小，组织健康在政府支持与企业绩效之间的中介作用越强；企业年龄越大，组织健康在政府支持与企业绩效之间的中介作用越弱。因此，我提出如下假设：

H7：企业年龄负向显著调节组织健康在政府支持与企业绩效之间的中介作用。

3.6.8 环境不确定性调节组织健康的中介作用

前文论述了组织健康、政府支持的重要作用，然而企业绩效还可能受环境不确定性等因素的影响。根据企业知识观可知，环境不确定性负向影响企业绩效。

环境不确定性越低，组织健康在政府支持与企业绩效之间的中介作用越强。首先，政府支持更能促进组织健康。根据预期理论，环境不确定性越低，人们越能相信政府、越能信任周围的人。结果就是，企业的发展方向会是更加明确的，而不是多变的；企业的利益相关者更能给企业投入资源；企业员工的组织承诺更高，员工也更能稳定地工作。其次，组织健康更能促进企业绩效。在较低环境不确定性条件下，企业绩效更多受组织内部条件的影响，而更少受外部环境的机会或威胁的影响。因此，代表组织条件的组织健康程度越高，企业绩效越好。由于在较低环境不确定性条件下，政府支持对组织健康作用更强，组织健康对企业绩效作用更强，因此，组织健康在政府支持与企业绩效之间的中介作用更强。

而环境不确定性越高，组织健康在政府支持与企业绩效之间的中介作用越弱。首先，较高的环境不确定性能减少组织健康对企业绩效的影响。较高的环境不确定性意味着企业面临的顾客需求、行业技术、新产品的推出、竞争对手的行为等变化快速并难以预料。这种情况下，相对于组织内部条件，企业绩效会更多地受外部环境影响。在不考虑其他因素情况下，前文已推测出组织健康可以显著正向影响企业绩效。然而，在较高的环境不确定性情况下，可能出现组织健康度更好，但是企业绩效更差的情况。其次，在较高的环境不确定性条件下，企业绩效更多受政府支持等其他机制的影响，而不是更多受组织健康的影响。因此，环境不确定性越大，组织健康在政府支持与企业绩效之间的中介作用越弱。

由此可以得出，环境不确定性可能负向调节组织健康在政府支持与企业绩效之间的中介作用。即环境不确定性越低，组织健康在政府支持与企业绩效之间的中介作用越强；环境不确定性越高，组织健康在政府支持与企业绩效之间的中介作用越弱。因此，有研究提出以下假设：

H8：环境不确定性负向显著调节组织健康在政府支持与企业绩效关系之间的中介作用。

3.6.9 转型期企业组织健康模型的提出

考虑到政府支持和环境不确定性是中国转型期企业环境的重要特征，本研究提出，中国转型期的企业组织健康模型变量，除了包括组织健康、企业绩效、企业年龄变量外，还包括政府支持、环境不确定性这些变量。

中国转型期企业组织健康模型含有这些变量之间关系的假设。也就是，假设在中国转型期，政府支持促进组织健康，组织健康促进企业绩效，企业年龄负向显著调节组织健康与企业绩效之间的关系，环境不确定性负向显著调节组织健康与企业绩效之间的关系，政府支持促进企业绩效，组织健康在政府支持与企业绩效关系之间起中介作用，企业年龄负向显著调节组织健康在政府支持与企业绩效之间的中介作用，环境不确定性负向显著调节组织健康在政府支持与企业绩效之间的中介作用。模型如图 3-3 所示。

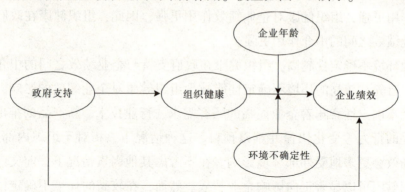

图 3-3　中国转型期企业组织健康模型

3.7 本章小结

本章提出了中国转型期企业组织健康的概念与模型，分析了中国转型期的关键特征和环境变化趋势。结合访谈归纳出了中国转型期企业组织健康的现状，包括健康的层级特征和当前企业存在的组织健康典型症状。从组织局内人和组织局外人视角提炼中国企业组织健康的关键因素。提出了评价中国企业组织健康程度的多种定量判定方法和定性测量方法。其中，定量判定方法有员工角度的主观测量法、除员工之外的主要利益相关者角度的相对主观测量法、第三方角度的相对客观测量法和客观测量法。此外还研究了企业组织健康的常见演化路径，指出了企业最容易出现组织健康问题的时间段是创业期和衰退期。在每一节的最后提出了研究假设，并汇总为中国企业组织健康的概念模型。

4 研究设计

问卷调查法是一种定量的研究方法，在学术研究中广为运用。其问卷通常由相关题项组成，是向被调查者收集信息的一种工具。首先将相同的问卷发放给许多抽取的被调查者填写，这样每一份问卷就是一个样本。然后将问卷收集起来汇总成总样本，再用统计学技术估计总体的信息，并做出推断。本章阐述了问卷设计程序、数据来源、变量的测量使用的统计分析方法。

4.1 问卷设计程序

问卷设计是问卷调查法中最基础的环节，是将抽象的概念具体化为测量指标的过程。问卷的设计质量对数据的收集和分析有举足轻重的影响。根据时间可将问卷设计程序分为设计之前、设计过程和设计之后。

4.1.1 设计之前

在设计问卷之前，笔者学习了问卷调查方法、阅读了大量学术论文和著作、访谈了多家企业管理者、确认了调查的目的。其中，重点阅读了含变量量表的论文。之后才开始设计调查问卷的题项库。

4.1.2 设计过程

设计问卷过程中遵守了以下几个原则：一是针对性原则。针对性原则是根据调查目的来设计题项，即问卷中要涵盖本研究希望获知的内容。二是完整性原则。完整性原则指，问卷内容应尽可能完备、全面，满足研究的需要。三是可答性原则。可答性原则指，用相对通俗的语言，以客观题为主要形式设计问卷。

编制量表过程中，题项冗余并不是坏事。[245]72。对于不成熟的变量，应尽可能多方面、多角度地设计有关题项。因为有关题项虽在某些方面有所不同，但会相关。初始题项的数量要比最终量表中的题项数量多得多。题项数量尽可能多是一种有效避免较差的内部一致性的方法。

对于不成熟的变量（如组织健康），沿用现成的量表会有局限性，因此需要自行开发量表。组织健康变量题项形成的主要途径有：收集和阅读现有中文组织健康量表；翻译国外组织健康量表；自己结合访谈编制部分量表。量表中的所有题项都应该反映潜在变量。其中，组织局内人视角组织健康的初始测量题项是以凯勒、普拉斯的 37 个题项为基础，结合来自不同企业员工的半结构性访谈，并补充有关文献的测量题项，得到组织健康初始测量题项 70 项（见附录 3）。

对于比较成熟的变量（例如环境不确定性、企业绩效），沿用或稍微修改现有量表即可。考虑到由外文文献翻译过来的量表可能不适合中国情境，或者可能与外文条款的原意有偏离，因此本研究尽量使用国内学者开发并多次验证的中文量表。

为了降低答卷者不愿意回答自己的真实想法或自己知道的信息的可能性，本研究在卷首说明了本调查问卷是不记名调查，收集的数据仅仅用于学术研究。卷首还承诺，对填写的信息绝对保密，并只对回收的问卷整体进行分析，而不对问卷的个体进行分析。

问卷正文的第一部分是有关被调查者及被调查企业的基本信息。为方便答题，有关被调查者信息全部都设计为单选题，对于有关被调查企业的基本信息，除了所处行业用填空题外，其他都是单选题。

问卷正文的第二部分是问卷的主体题项，采用李克特量表形式。其中每个题项都是陈述句。本研究用 1 至 5 表示被调查者对每个陈述句的认可程度。1 为完全不符合，2 为不符合，3 为一般，4 为符合，5 为非常符合。这些指导语都已在问卷中清楚地列明。在各题项的设计中，本研究试图做到：这些陈述有足够的充分性和差异性；这些陈述通俗易懂。各题项在排序上，尽量将同一主题的题目放在一起，并用不同的方式表达类似的思想。

问卷的最后是感谢语言。

4.1.3 设计之后

为了保证测量题项与组织健康概念相符，请了 2 位企业高层管理者和 2

名管理学教授评价了最初的题项。之后，对少量题项进行了修改，删除了含糊的题项、传达两个或更多意思的题项、含义模棱两可的题项、有歧义的题项，还补充了对问题反映欠清楚的题项。

科学研究中，对于通过文献和访谈等形成的尚未检验的不成熟的量表，需要在正式测试之前进行预测试。预测试活动包括发放预测试问卷、回收预测试问卷、分析预测试问卷、修正问卷。接下来，再开展较大规模的正式问卷调查活动。

4.2 数据来源

问卷调查中，在正式调研之前通常需要进行预调研、预测试。不管预调研还是正式调研，调研过程中都需要考虑如何发放问卷、回收问卷。

4.2.1 预测试

组织局内人角度预测试主要以 12 家企业不同岗位的员工为主体来填写问卷。组织局外人角度预测试由国内某著名大学 MBA（工商管理硕士）业余班学员来填写问卷。

4.2.1.1 组织局内人角度预测试数据

预测试问卷发放的对象是有企业工作经历的同学、朋友及他们的同事。收集问卷的途径包括以下几种。

第一，通过熟人介绍或者自己熟悉的发放问卷。因为他们来自各个行业、不同规模的企业。这种方式总共回收 318 份问卷，其中有效问卷 310 份。

第二，对国内某著名大学 MBA 业余班学员发放问卷。让甲班课代表甲在班级班会当天发放纸质版问卷 50 份，当天回收 41 份；让乙班课代表乙通过微信群或 QQ 群发送电子版问卷，回收 17 份。这种方式回收的有效问卷一共58 份。

第三，对某职业技术学院的"双师型"教师发放问卷。职业技术学院中有一批来自企业的教师，他们同时获得了教师、会计师、经济师、商务师等资格证书。让那些在企业就业一年以上的"双师型"教师填写问卷，发放纸质版问卷 10 份，回收 10 份，有效问卷 10 份。

4.2.1.2 组织局外人角度预测试数据

预测试问卷发放对象是某国内著名大学 MBA 业余班学员，总共发放 110 份问卷，回收 98 份问卷，问卷回收率是 89.1%。其中有效问卷 92 份，有效问卷回收率 83.6%。

4.2.2 正式测试

根据研究需要，样本规模需要达到一定的标准。例如，探索性因子分析样本量应不少于题项的 4 倍，验证性因子分析样本需要在 200 个以上。[246] 本研究计划通过社会关系抽取 100 家以上的企业，为每家企业发放 5 份问卷，要求每家企业中不同部门的员工填写问卷。

4.2.2.1 组织局内人角度正式数据

我通过与工商联、商会联系，将调查问卷发放到几百家企业，要求每家企业抽选不同岗位的员工以不记名方式填写纸质问卷或电子版问卷，并要求其在问卷填写完毕之后通过邮寄或邮件方式发回。发放了 726 份问卷，最后回收到来自 126 家企业的电子版问卷 576 份，问卷回收率为 79.3%。之后，删除无效问卷 65 份。无效问卷主要是那些填写答案全为 5 或者 4 的问卷，以及同一企业回收的 5 份问卷中出现绝大部分题项答题雷同的问卷。最后，有效问卷为 511 份，有效问卷回收率为 88.7%。

4.2.2.2 组织局外人角度正式数据

抽样方法属于不重复简单随机抽样。本研究用于探索性因子分析的数据为 276 份，问卷来自 217 家企业。

验证性因子分析的问卷收集情况为：我通过与工商联、商会联系，将调查问卷发放到几百家企业。要求每家企业抽选不同岗位的员工以不记名方式填写纸质问卷或电子版问卷，并要求其在问卷填写完毕之后通过邮寄或邮件方式发回。共发放 746 份问卷，最后回收到 147 家企业的电子版问卷 544 份，问卷回收率为 72.9%。之后，删除无效问卷 114 份，无效问卷主要是那些填写答案全为 5 或者 4 的问卷，以及出现绝大部分题项答题雷同的问卷。最后得到有效问卷为 425 份，有效问卷回收率为 78.1%。

4.3 变量的测量

本研究实证涉及的主要变量有：政府支持、环境不确定性、组织健康、企业绩效、企业年龄、企业所处行业、企业规模。本节对变量的操作性定义、测量依据、测量题项予以了说明。

4.3.1 政府支持

政府支持的操作性定义是政府给企业提供项目政策（税收优惠、土地优惠）、技术信息、市场信息、财务融资、政策许可等各种帮助。龙静、黄勋敬和余志杨用帮助了解技术研发最新政策、资助研发项目、支持新产品开发来测量政府支持。[247]

基于李海洋和鸿翥吉马的研究，[243]本书用 5 个题项测量政府支持。即"为支持当地企业，政府执行对企业经营有利的政策和项目""为支持当地企业，政府提供企业所需要的技术信息和其他的技术支持""为支持当地企业，政府为企业提供重要的市场信息""为支持当地企业，政府在为企业提供财务支持上发挥重要的作用""为支持当地企业，政府帮助企业获得技术、原材料及其他设备进口的许可"。如表 4-1 所示。从 1 至 5，分别表示完全不符合、不符合、一般、符合、非常符合。由问卷填写者来评分。

表 4-1 政府支持测量题项

题号	政府支持题项
01	为支持当地企业，政府执行对企业经营有利的政策和项目
02	为支持当地企业，政府为企业提供所需要的技术信息和其他的技术支持
03	为支持当地企业，政府为企业提供重要的市场信息
04	为支持当地企业，政府在为企业提供财务支持上发挥重要的作用
05	为支持当地企业，政府帮助企业获得技术、原材料及其他设备进口的许可

4.3.2 组织健康

根据已有企业组织健康文献，王兴琼用员工健康、企业绩效、社会效益三个分量表测量了企业组织健康。但组织健康包含企业绩效好比运动员的身体健康包含比赛的结果，因此本书认为组织健康包含企业绩效是不合适的。此外，员工健康、社会效益与企业组织健康是处于不同层次上的，在此，用它们作为组织健康的分量表也是不合适的。吴晓波、袁岳和冯曦认为中国企业健康指标体系包括企业家精神、企业行为和商业环境。这些指标不都在同一层次上，而且，商业环境作为企业健康的指数也是不妥当的。

　　本研究在实证组织健康模型中，考虑到组织局内人对所在组织比较熟悉，因此将组织健康操作性定义为员工对本企业组织层面当前的愿景方向、责任氛围、激励动力、协调能力进行评价的结果。

　　根据前面章节开发的员工角度组织健康量表，本研究用 19 个题项测量组织健康。如表 4-2 所示。从 1 至 5，分别表示完全不符合、不符合、一般、符合、非常符合。由问卷填写者来评分。

表 4-2　组织健康测量题项

题项	组织健康测量题项
01	当机会出现时，我公司能迅速行动以抓住机会
02	我公司用强有力的价值观来协调员工
03	总体上，我公司内部具有良好的协调能力
04	我公司善于发现、掌握新商机
05	我公司能对市场需求变化做出快速的反应
06	我所在公司能够发展员工的技能
07	我公司通过鼓励、指导和表彰来激励员工
08	我公司提供职业发展机会来激励员工
09	我公司员工越努力工作，得到的提升机会越多
10	我公司鼓励员工实现自我和超越自我
11	我公司在组织内部能够共享知识
12	我公司有明确的使命
13	我公司有令人向往的愿景
14	我公司清晰地表达出组织成功的方向
15	我公司员工参与讨论组织方向的实现办法

题项	组织健康测量题项
16	我公司同事之间人际关系和谐
17	我公司强调员工共同努力来提高产品/服务的质量
18	为了完成公司的目标，我明确自己的工作任务
19	为了完成公司的目标，我明确自己的职责

4.3.3 企业绩效

本书中企业绩效的操作性定义是代表企业的经营效率，体现为投资回报、利润、市场份额、营利能力及总资产、总销售、利润的增长速度等。

企业绩效的衡量有两种方法，一些研究应用企业公开的资产收益率（ROA）、股本回报率（ROE）等来衡量企业绩效。还有一些研究采用调查法、主观业绩评价来衡量组织绩效。这些方法都是可取的。中国许多企业没有上市，因此企业绩效的客观数据不容易获得。采用调查问卷形式，让企业内部员工主观评价是一种合适的方法。

陈宗石和曹阳将企业绩效分成经济绩效、伦理绩效、法律绩效，并用股本回报率（ROE）、资产增长（哑变量）来衡量经济绩效，用企业对员工的年均支出来衡量伦理绩效，用是否被征收环境污染费（哑变量）来衡量法律绩效。[88]

森和哈克用长期资金回报，即经营利润占长期资金的百分比作为财务业绩。[248]理查德、德妮和伊普等认为企业绩效是财务业绩、产品市场业绩、股东回报。[249]阿努、塞缪尔和爱乐门等用资产回报、股权回报、托宾 Q 来衡量企业绩效。[250]这些衡量企业绩效的方法适合发达市场经济国家的上市公司，因为它们的财务数据是公开的。但对于中国转型期的绝大多数企业来说，托宾 Q 等公开是很准确地获取数据。

王兴琼用利润、资产增长、销售收入、销售增长、市场份额、新产品数量来测量企业绩效。[151]唐智和唐金彤用销售增长、销售回报、销售增长率、市场份额、营利能力、投资回报、声誉、雇员满意、客户满意、产品创新、服务创新、流程创新来衡量中小企业的财务业绩。[251]但他们衡量绩效的指标太多，不容易操作。

杜尔格、阿尔派和伊尔马兹等用企业最近三年投资回报、市场份额、总销售增长及总体业绩的判断作为企业绩效。[252]这些学者都把销售增长、市场份额作为企业绩效的指标。

因此，本书用问卷调查法让企业内部的员工来评价本企业的绩效。测量企业绩效的题项与李忆、司有和的研究[253]相同，如表4-3所示。具体包括："与主要竞争对手相比，公司投资回报""与主要竞争对手相比，公司利润水平""与主要竞争对手相比，公司市场份额""与主要竞争对手相比，公司营利能力""与主要竞争对手相比，过去三年中总资产的增长速度""与主要竞争对手相比，过去三年中总销售增长速度""与主要竞争对手相比，过去三年中利润增长率"。从1至5，分别表示很低、低、相当、高、很高。由问卷填写者来评分。

表4-3 企业绩效测量题项

题项	企业绩效题项
01	与主要竞争对手相比，公司投资回报
02	与主要竞争对手相比，公司利润水平
03	与主要竞争对手相比，公司市场份额
04	与主要竞争对手相比，公司营利能力
05	与主要竞争对手相比，过去三年中公司总资产的增长速度
06	与主要竞争对手相比，过去三年中公司销售增长速度
07	与主要竞争对手相比，过去三年中公司利润增长率

4.3.4 环境不确定性

环境不确定性的操作性定义是用来描述企业面临顾客需求、顾客要求、行业技术、产品或服务更新速度、竞争对手的行为、新产品的引入及资源获取的变化情况。格温和巴罗曼用3个题项测量了环境不确定性，其中有一个题项是反向编码。我们经过两次测试得出，其结果信度只有0.5左右，没有达到科学研究的要求。之后，我们重新阅读文献，查找环境不确定性的量表。

李大元、项保华和陈应龙用竞争强度、竞争者行为等8个题项来测量环境不确定性。[5]

李瑶、刘益和刘婷用终端消费者偏好变化速度、预测市场需求变化的难度、所处行业技术变化速度、预测行业中技术发展方向的难度4个题项来测量环境不确定性。[255]

根据关键、王先海对环境不确定性的测量,[255]我用7个题项来衡量。如表4-4所示。它们是:企业所处行业顾客需求变化速度、企业所处行业顾客要求、企业所处行业技术发展速度、本行业的产品或服务更新速度、预测竞争对手行为的难度、获取所需资源的难度、竞争对手引入新产品的频率。除了竞争对手引入新产品的频率外,其他题项也是李大元、项保华和陈应龙测量环境不确定性的题项。从1至5,分别表示完全不符合、不符合、一般、符合、非常符合。由问卷填写者来评分。

表4-4　环境不确定性测量题项

题项	环境不确定性题项
01	企业所处行业顾客需求变化很快
02	企业所处行业顾客要求越来越高
03	企业所处行业技术高速发展
04	本行业的产品或服务更新速度很快
05	竞争对手的行为很难预测
06	我们所需的资源越来越难获取
07	竞争对手频繁引入新产品

4.3.5 企业年龄

企业年龄是企业从注册开始按年计算的存活时间。企业年龄测量方法与李寅龙的研究类似。[257]测量题项包括:"企业从成立至今的生存时间是:2年或以下,3~5年,6~10年,11~20年,21年及以上",由被调查者选择。

4.3.6 控制变量

企业所处的行业、企业规模可能会对组织健康、企业绩效产生影响。为了凸显其他自变量的影响,有必要对所处的行业、企业规模进行控制。

本研究将行业分为计算机、互联网、通讯、电子,证券、银行、保险,贸易、消费，制造、营运，制药、医疗，房地产、建筑，媒体、广告、专业服务，物流、运输，能源、原材料，旅游、酒店、餐饮及其他。不同的行业用数字代码或者英文字母表示，并用单选题进行调研。

企业规模可以用资产总额、年销售总额、员工总数等来代表。与李大元和刘娟的研究[258]类似，企业规模用不同区间的员工数量表示，并将员工数量分为100人以下、101~200人、201~500人、501~1000人、1001人以上，其中用数字代码或者英文字母表示，用单选题进行调研。

变量的操作性含义和测量依据如表4-5所示。

表4-5　变量的操作性定义和测量依据

变量	含义	测度依据、来源
政府支持	政府支持是政府给企业包括项目政策(税收优惠、土地优惠)、技术信息、市场信息、财务融资、政策许可等的各种帮助。	李海洋和鸿鼐吉马
组织健康	员工对本企业组织层面当前的愿景方向、责任氛围、激励动力、协调能力进行评价的结果。	自己开发的量表
企业绩效	企业相对于竞争对手的经营效率，体现为投资回报、利润、市场份额、营利能力及总资产、总销售、利润的增长速度。	李忆、司有和
环境不确定性	用来描述企业面临顾客需求、顾客要求、行业技术、产品或服务更新速度、竞争对手的行为、新产品的引入及资源获取难度的变化情况。	关键、王先海
企业年龄	企业从注册开始按年计算的存活时间。	李寅龙
企业规模	用员工数量的区间表示	李大元和刘娟
行业	用通常的行业大类	被调研者提供

4.4 统计分析方法

本书用因子分析、相关分析、回归分析、可靠性分析等方法对收集的数据进行统计分析。所使用的软件是 SPSS 18.0、AMOS 20.0 及 EXCEL 3.0。

4.4.1 因子分析

因子分析是通过具体指标测评不可观测的抽象的随机变量的统计分析方法。[259] 其实质是找出能反映所有变量大多数信息的少数几个随机变量。探索性因子分析能够通过降维，分析潜在的变量，描述原始变量之间的相关关系。验证性因子分析可以检验事先假设的因子结构与测量数据之间的匹配情况。卡方/自由度、拟合优度指数（GFI）、相对拟合指数（CFI）、标准拟合指数（NFI）、近似误差均方根（RMSEA）等可以考察原先因子结构与数据的匹配情况。卡方/自由度小于3，说明拟合得比较好。GFI、CFI、NFI 越接近1，拟合得越好。GFI、CFI、NFI 大于 0.9 表示拟合得相当好。RMSEA 小于 0.05 表示拟合得相当好，RMSEA 小于 0.1 则是可接受的。[183]

在用 SPSS 软件操作中，用 KMO 检验和 Bartlett 球形检验来确认是否适合因子分析。KMO 检验是比较各变量间的简单相关和偏相关的大小。当偏相关系数远远小于简单相关系数时，KMO 统计量接近1。一般认为，KMO 检验值需要达到一定标准才适合因子分析。有人认为该标准是 0.7 以上，也有人认为是 0.8 以上。Bartlett 球形检验的是各变量是否各自独立。如果拒绝假设，则表明各变量之间有相互联系。

本研究提取因子的方法为使用最广泛的主成分分析方法，即用新的一组互不相关的综合指标去反映原来指标的大部分信息，并以特征值大于1为标准提取因子，用最大方差正交旋转法使每个因子的含义更清晰。选择最佳的因子数量时要综合考虑以下因素：最大因子解释的方差比率不高于30%，以避免共同方法问题；全部因子累计解释的总方差较大；各个因子的题项在语义上可以归为同类，以合理命名。

根据因子得分系数矩阵中各因子的得分，可以将各因子表示为各个变量的线性组合，即可以写出因子表达式。计算健康因素得分，能够实证组织健康程度。

4.4.2 信度分析

信度分析也称可靠性分析，是关于量表或变量衡量具体概念时的一致性和稳定性的程度。评价信度有多种方法，其中折半信度是简单常用的方法。

Cronbach's α 系数常用来代表折半信度。通过点击 SPSS 统计软件菜单中的分析，选中度量，再选可靠性分析，最后选模型中的 α，就能得到 Cronbach's α 系数值。Cronbach's α 系数(克朗巴哈系数)越接近 1，可信度越高；越接近 0，可信度越低。一般情况下，Cronbach's α 系数的可接受标准是达到 0.7 及以上。张显峰认为，Cronbach's α 值大于 0.8 而小于 0.9 时，信度较好；Cronbach's α 值大于 0.9 时，信度非常好。[260]

4.4.3 效度分析

效度是关于量表或变量测量的准确性、真实性的程度，有内容效度、建构效度等。内容效度是测量题项是否能代表所要测量变量的内容。建构效度是关于量表的收敛效度和区别效度。综合运用收敛效度和区别效度可以评估建构效度。

4.4.4 相关分析

相关分析是变量之间不确定性依存的程度和方向的统计分析。李伟铭认为变量之间的相关分析是回归分析的必要条件之一。[261]根据吴乐培的研究，度量两个数值型变量之间线性相关程度的指标可以用 Pearson 简单相关系数。[262]在相关性分析中，本书用 Pearson(皮尔森)简单相关系数进行双侧检验。相关系数的值大于零，则变量之间有正的相关关系；反之，有负相关关系。相关系数值的绝对值越接近 1，相关关系越强。

4.4.5 回归分析

回归分析是关于变量之间因果关系的统计分析。F 值可以用于检验回归模型是否显著。如果 F 检验值对应的显著性概率值小于 0.05，则所有变量综合起来对因变量有显著影响。自变量的回归系数表示的是自变量与因变量的关联程度。如果回归系数对应的显著性概率小于 0.05，那么该变量对因变量有显著影响。R^2 的代表自变量对因变量解释的程度。

在回归分析中需要注意多重共线性问题，即自变量之间是否存在接近线性的关系。方差膨胀因子可以判断是否存在多重共线性。根据吴明隆的研究，当方差膨胀因子小于 10 时，可以认为不存在多重共线性。[263]

4.5 本章小结

本章研究设计了问卷调查法，介绍了问卷设计程序、数据来源、变量的测量、使用的统计分析方法，指明问卷设计程序包括设计之前、设计过程、设计之后，又介绍了本研究的预测试数据、正式数据收集，指出了主要的统计分析方法是因子分析（包括探索性因子分析和验证性因子分析）、信度分析、效度分析、相关分析和回归分析。

5 数据分析与结果

在开发量表时，通常用两组分开的调查数据，先进行探索性因子分析，再进行验证性因子分析。只有两种分析都符合一般科学研究变量的信度和效度标准，开发的量表才是比较科学的。本研究用 SPSS 18.0 对有效问卷进行描述性分析和探索性因子分析，用 AMOS 20.0 对有效问卷进行验证性因子分析。

5.1 预测试样本统计分析

预测试中的一些问卷因被认定为无效而删除，其主要原因是推定填写者态度不认真。被删除的问卷包括填写答案没有变化（全选 5 或者全选 4 等）的问卷，答题数据因多次修改而模糊不清的问卷，答题数据严重缺失（多题空白未作答）的问卷。最终，得到员工问卷预测试的有效问卷为 378 份。

分析预测试问卷可以看出：少数题项存在社会性偏差，例如对"我公司积极参与社会公益事业"普遍选择 5 分；少数题项有二合一的问题，即题项含中有"及""和"字样，影响被调查者的准确理解；对于个别难以回答的题项，被调查者跳过未作答。例如"为顾客创造价值是我公司首要的目标"。因此，笔者与同学、朋友进一步讨论之后，删除了初始问卷中一些不恰当的题项，以及不够清晰的题项。之后，请专家确认。

5.1.1 组织局内人视角预测试样本的描述性分析

样本涵盖了不同性质的企业，国有企业样本 98 份，占总量的 25.9%；民营企业样本 151 份，占 39.9%；三资企业样本 100 份，占 26.5%；其他类型企业样本 29 份，占 7.7%。

自企业成立开始计算，没有企业年龄在 2 年或以下的样本；有 55 份样本企业年龄在 3 ~ 5 年，占 14.6%；有 46 份样本企业年龄在 6 ~ 10 年，占 12.2%；有 277 份样本企业年龄在 10 年以上，占 73.3%。

参与调查的人中，男性 213 人，占 56.3%；女性 165 人，占 43.7%。

参与调查的人中，有 23 人年龄在 23 岁及以下，占 6.1%；有 243 人年龄在 24 ~ 35 周岁，占 64.3%；有 65 人年龄在 36 ~ 40 周岁，占 17.2%；有 33 人年龄在 41 ~ 49 周岁，占 8.7%；有 14 人年龄在 50 周岁及以上，占 3.7%。

参与调查的人中，有 6 人学历为初中及以下，占 1.6%；有 69 人学历为高中或中专，占 18.3%；有 77 人学历为大专，占 20.4%；有 149 人学历为本科，占 39.4%；有 77 人学历为硕士研究生及以上，占 24.4%。

参与调查的人中，有 34 人在所调研企业中的工作年限为 1 年以下，占全部调查者的比例是 9.0%；有 60 人工作年限为 1 ~ 2 年，占 15.9%；125 人工作年限为 3 ~ 5 年，占 33.1%；有 89 人工作年限为 6 ~ 10 年，占 23.5%；有 70 人工作年限为 10 年以上，占 18.5%。

参与问卷的人中，60 人从事市场工作，占 15.9%；135 人从事技术工作，占 35.7%；52 人从事行政工作，占 13.8%；27 人从事财务工作，占 7.1%；104 人从事其他工作，占 27.5%。

参与调研的人中，有 201 位普通员工，占 53.2%；93 位基层管理者，占 24.6%；71 位中层管理者，占 18.8%；13 位高层管理者，占 3.4%。

5.1.2 组织局内人视角预测试样本因子分析

考虑到组织健康量表还不是成熟量表，因此对预测试样本进行了探索性因子分析。

5.1.2.1 因子分析的适切性

本书中的数据检验结果 KMO 值为 0.963，Bartlett 检验显著性值为 0.000，小于 0.05。因此，本书可以进行因子分析。具体如表 5-1 所示。

表 5-1　预测试样本 KMO 和 Bartlett 的检验

取样足够度的 Kaiser – Meyer – Olkin 度量		0.963
Bartlett 的球形度检验	近似卡方	9222.525
	df	465
	Sig.	0.000

5.1.2.2 因子分析过程与研究结果

本书先检验了所有题项之间的相关系数，将相关系数小于 0.35 的题项删除后，对剩下的 31 个题项进行了因子分析。结果如表 5-2 所示，本次检验共提取了四个因子。

表 5-2 反映了各成分特征值、方差的贡献率等信息。旋转后的第一个因子的特征根是 6.616，方差贡献率为 21.341%；第二个因子的特征根是 4.840，方差贡献率为 15.612%；第三个因子的特征根是 4.568，方差贡献率为 14.736%；第四个因子的特征根是 4.389，方差贡献率为 14.158%；前四个因子累计贡献率为 65.847%，即解释了所有信息的 65.847%。

表 5-2　预测试样本解释的总方差

成分	初始特征值			提取平方和载入			旋转平方和载入		
	合计	方差的%	累积%	合计	方差的%	累积%	合计	方差的%	累积 %
1	16.265	52.468	52.468	16.265	52.468	52.468	6.616	21.341	21.341
2	1.846	5.954	58.422	1.846	5.954	58.422	4.840	15.612	36.953
3	1.300	4.192	62.615	1.300	4.192	62.615	4.568	14.736	51.689
4	1.002	3.232	65.847	1.002	3.232	65.847	4.389	14.158	65.847
5	0.929	2.996	68.842						
6	0.799	2.579	71.421						
7	0.685	2.211	73.632						
8	0.630	2.032	75.664						
9	0.578	1.864	77.528						
10	0.521	1.681	79.209						
11	0.507	1.636	80.845						
12	0.479	1.544	82.388						
13	0.455	1.467	83.856						
14	0.427	1.377	85.233						
15	0.423	1.363	86.596						
16	0.403	1.301	87.898						
17	0.385	1.241	89.139						

成分	初始特征值			提取平方和载入			旋转平方和载入		
	合计	方差的%	累积%	合计	方差的%	累积%	合计	方差的%	累积 %
18	0.359	1.158	90.297						
19	0.346	1.118	91.414						
20	0.316	1.019	92.434						
21	0.301	0.972	93.406						
22	0.287	0.925	94.331						
23	0.266	0.859	95.190						
24	0.250	0.806	95.996						
25	0.231	0.745	96.741						
26	0.223	0.719	97.459						
27	0.206	0.664	98.124						
28	0.178	0.575	98.699						
29	0.162	0.523	99.222						
30	0.145	0.467	99.689						
31	0.096	0.311	100.000						

提取方法：主成分分析。

　　旋转前的因子矩阵的结果不明显，因此必须旋转。本研究采用的是正交旋转法，并经过 7 次迭代后收敛。旋转后的成分矩阵如表 5-3 所示。

表 5-3　预测试样本旋转成分矩阵

	成分			
	1	2	3	4
X640	0.751	0.299	0.198	0.309
X641	0.724	0.275	0.214	0.235
X639	0.709	0.233	0.241	0.292
X638	0.705	0.309	0.084	0.276
X642	0.661	0.355	0.219	0.250
X644	0.660	0.322	0.275	0.259

	成分			
	1	2	3	4
X534	0.649	0.322	0.227	0.267
X535	0.609	0.369	0.210	0.202
X533	0.565	0.112	0.296	0.194
X532	0.497	0.339	0.350	0.202
X425	0.489	0.265	0.406	0.237
V71	0.474	0.468	0.402	0.050
V70	0.322	0.770	0.141	0.201
V72	0.302	0.766	0.099	0.279
V69	0.421	0.667	0.305	0.119
X429	0.271	0.652	0.177	0.382
V66	0.435	0.607	0.269	0.111
X428	0.318	0.520	0.215	0.431
X317	0.163	0.130	0.768	0.363
X212	0.163	0.108	0.751	0.033
X318	0.197	0.130	0.743	0.317
X214	0.317	0.205	0.664	0.305
X213	0.337	0.259	0.610	0.336
X215	0.402	0.370	0.501	0.192
X211	0.380	0.276	0.428	0.379
X12	0.308	0.191	0.231	0.744
X14	0.271	0.263	0.324	0.723
X13	0.290	0.286	0.334	0.712
X11	0.279	0.065	0.300	0.685
X15	0.224	0.446	0.074	0.584
X28	0.323	0.439	0.266	0.456

提取方法：主成分

旋转法：具有 Kaiser 标准化的正交旋转法

a. 旋转在 7 次迭代后收敛

基于侯二秀、陈树文和长青的研究，对于任一因子的负荷低于 0.5 的测量题项都应该删除。[264]这样，31 个题项中有 5 个题项被删除。它们是 X532、X425、V71、X211、X28。整理后只剩下 26 个题项，它们的载荷全部大于0.5。因子 1、因子 2、因子 3、因子 4 的信度分别是 0.933、0.907、0.888、0.891。如表 5-4 所示。

表 5-4　预测试样本各因子的信度与各题项的载荷

因子	信度	项数	题项	载荷
因子 1	0.933	9	X640	0.751
			X641	0.724
			X639	0.709
			X638	0.705
			X642	0.661
			X644	0.660
			X534	0.649
			X535	0.609
			X533	0.565
因子 2	0.907	6	V70	0.770
			V72	0.766
			V69	0.667
			X429	0.652
			V66	0.607
			X428	0.520
因子 3	0.888	6	X317	0.768
			X212	0.751
			X318	0.743
			X214	0.664
			X213	0.610
			X215	0.501

因子	信度	项数	题项	载荷
因子4	0.891	5	X12	0.744
			X14	0.723
			X13	0.712
			X11	0.685
			X15	0.584

根据第一个因子中系数绝对值较大的变量可以知道，因子 1 概括了发展员工技能、用价值观驱动员工、以鼓励和表彰来激励员工、提供发展机会、物质奖励、鼓励实现自我、给工作努力的员工提供提升机会、促进员工参与、各种渠道招聘员工。因此，因子 1 主要代表激励动力。

根据第二个因子中系数绝对值较大的变量可以知道，因子 2 概括了工作职能配合、控制关键流程的协调、良好的协调能力、对市场需求快速反应、迅速抓住机会、善于发现商机。因此，因子 2 代表协调能力。

根据第三个因子中系数绝对值较大的变量可以知道，因子 3 概括了人际关系和谐、团队合作、关注质量、明确工作任务、明确职责、鼓励团队决策和内部沟通。因此，因子 3 主要代表责任氛围。

根据第四个因子中系数绝对值较大的变量可以知道，因子 4 概括了令人向往的愿景、讨论组织方向、明确的使命、表达出成功的方向、有适应方向的战略和目标。因此，因子 4 主要代表愿景方向。

表 5-5 是因子得分系数矩阵。根据该矩阵提取的各因子的得分，可以写出因子表达式。

表 5-5　预测试样本因子得分系数矩阵

	成分			
	1	2	3	4
X640	0.249	−0.116	−0.095	0.004
X641	0.249	−0.112	−0.066	−0.038
X638	0.243	−0.086	−0.141	0.012
X639	0.243	−0.144	−0.060	0.000
X533	0.206	−0.159	0.017	−0.034

	成分			
	1	2	3	4
X642	0.183	− 0.039	− 0.058	− 0.035
X644	0.183	− 0.064	− 0.029	− 0.036
X534	0.183	− 0.060	− 0.054	− 0.020
X535	0.156	− 0.004	− 0.044	− 0.059
V70	− 0.131	0.359	− 0.043	− 0.073
V72	− 0.145	0.352	− 0.078	− 0.013
X429	− 0.149	0.268	− 0.050	0.058
V69	− 0.057	0.267	0.048	− 0.154
V66	− 0.022	0.225	0.030	− 0.144
X428	− 0.090	0.157	− 0.045	0.095
X212	− 0.076	− 0.010	0.360	− 0.178
X317	− 0.129	− 0.049	0.298	0.019
X318	− 0.100	− 0.053	0.289	− 0.008
X214	− 0.043	− 0.041	0.227	− 0.027
X213	− 0.045	− 0.016	0.188	− 0.007
X215	− 0.009	0.061	0.147	− 0.100
X12	− 0.026	− 0.108	− 0.093	0.341
X11	− 0.004	− 0.173	− 0.036	0.314
X14	− 0.085	− 0.046	− 0.035	0.301
X13	− 0.083	− 0.036	− 0.031	0.286
X15	− 0.114	0.119	− 0.134	0.244
X532	0.080	0.010	0.049	− 0.069
X425	0.086	− 0.043	0.075	− 0.046
V71	0.033	0.127	0.110	− 0.192
X211	− 0.001	− 0.022	0.074	0.050
X28	− 0.071	0.096	− 0.022	0.112

提取方法：主成分

旋转法：具有 Kaiser 标准化的正交旋转法

根据因子得分系数矩阵，因子1(记作 F_1)简化的因子表达式如公式5.1。

$$F_1 = 0.249X640 + 0.249X641 + 0.243X638 + 0.243X639 + 0.206X533$$
$$+ 0.183X642 + 0.183X644 + 0.183X534 + 0.156X535 \qquad (5.1)$$

根据因子得分系数矩阵，因子2(记作 F_2)简化的因子表达式如公式5.2。

$$F_2 = 0.359V70 + 0.352V72 + 0.268X429 + 0.267V69 + 0.225V66 + 0.157X428$$
$$\qquad (5.2)$$

根据因子得分系数矩阵，因子3(记作 F_3)简化的因子表达式如公式5.3。

$$F_3 = 0.360X212 + 0.298X317 + 0.289X318 + 0.227X214 +$$
$$0.188X213 + 0.147X215 \qquad (5.3)$$

根据因子得分系数矩阵，因子4(记作 F_4)简化的因子表达式如公式5.4。

$$F_4 = 0.341X12 + 0.314X11 + 0.301X14 + 0.286X13 + 0.244X15 \quad (5.4)$$

以上四个因子概括了原始信息的65.847%，结合各因子的方差贡献度，用这四个因子来计算员工角度企业组织健康的评价。企业组织健康总得分(记作 TOH)的计算如公式5.5所示。

$$TOH = (0.213F_1 + 0.156F_2 + 0.147F_3 + 0.142F_4)/0.658 \quad (5.5)$$

5.1.3 组织局外人视角预测试样本分析

组织局外人视角的问卷是与某咨询公司合作得到的。对预测试样本只进行了简单的语句陈述的分析，没有应用统计软件进行深入分析。

对预测试问卷进行后发现存在以下问题：一是有的答卷前面都很认真，到最后一页却停止答题。经检查，原因是选项"完全不符合、不符合、一般、符合、非常符合"出现了一点打印错误。笔者马上对此进行了纠正，以免在正式测试中出现类似问题。二是有的问卷回答了绝大多数题项，但漏答了几个题项。分析这些漏答的题项，其原因很可能是难以回答，因此主动以删除处理。三是基本信息中的企业规模题项中的选项之间有数字重叠。本研究将修改后的问卷作为最后的正式问卷。

5.2 组织局内人视角组织健康正式测试

经预测试数据分析，删除了一些相关系数小于0.35的题项、反向编码的题项、因子载荷小于 0.5 的题项、难以回答的题项。组织局内人视角组织健康正式测试，总共收集到 511 份有效问卷。这 511 份问卷被分成两组，前 255 份问卷(第一组)用来做探索性因子分析，后 256 份问卷(第二组)做验证性因子分析。经独立样本 T 检验，两组数据之间没有显著差异。

5.2.1 总样本的描述性统计分析

参与填写问卷的人中，男性 257 名，占 50.3%；女性 254 名，占 49.7%。有 13 人年龄为 23 周岁及以下，占 2.5%；318 人年龄为 24 至 35 周岁，占 62.2%；79 人年龄为 36 至 40 周岁，占 15.5%；83 人年龄为 41 至 49 周岁，占 16.2%；18 人年龄为 50 周岁及以上，占 3.5%。

根据学历，10 人为初中及以下，占 2%；66 人为高中或中专，占 12.9%；244 人为大专，占 47.7%；160 人为本科，占 31.3%；31 人为硕士研究生，占 6.1%。

根据在所调研企业工作的年限，71 人为 1 年以下，占 13.9%；121 人为 1～2 年，占 23.7%；137 人为 3～5 年，占 26.8%；151 人为 6～10 年，占 29.5%；31 人为 10 年以上，占 6.1%。

根据工作的种类，101 人从事市场工作，占 19.8%；103 人从事技术工作，占 20.1%；158 人从事行政工作，占 30.9%；98 人从事财务工作，占 19.2%；51 人从事其他工作，占 10%。

根据职务，253 人为普通员工，占 49.5%；93 人为基层管理者，占 18.2%；142 人为中层管理者，占 27.8%；23 人为高层管理者，占 4.5%。

来自企业年龄为 1～2 年的问卷 13 份，占 2.5%；来自企业年龄为 3～5 年的问卷 31 份，占 6.1%；来自企业年龄为 6～10 年的问卷 132 份，占 25.8%；来自企业年龄为 10～20 年的问卷 176 份，占 34.4%；来自企业年龄为 21 年以上的问卷 159 份，占 31.1%。

来自企业员工人数为 50 人以下的问卷 43 份，占 8.4%；来自企业员工人数为 50～100 人的问卷 75 份，占 14.7%；来自企业员工人数为 101～200 人的问卷 104 份，占 20.4%；来自企业员工人数为 201～500 人的问卷 168 份，占 32.9%；来自企业员工人数为 501～1 000 人的问卷 67 份，占 13.1%；来自企业员工人数为 1 001 人以上的问卷 54 份，占 10.6%。

来自制造、营运行业的问卷 295 份，占 57.7%；来自制药、医疗行业的问卷 64 份，占 12.5%；来自房地产、建筑行业的问卷 51 份，占 10%。来自能源、原材料行业的问卷 20 份，占 3.9%。此外，还有来自其他行业的一些问卷，占 15.9%。

5.2.2 对第一组样本进行探索性因子分析

先用预测试因子分析得出的 26 个题项进行因子分析。结果 X04，X37，X12 同时在两个因子上载荷超过 0.5，应该删除。这样，进一步用剩下的 23 个题项进行分析。

SPSS 18.0 软件运行结果如表 5-6 所示：KMO 值为 0.907，Bartlett 的近似卡方值是 4393.901，P 值为 0.000。因此，能进行因子分析。

表 5-6 组织局内人问卷第一组样本 KMO 和 Bartlett 的检验

取样足够度的 Kaiser – Meyer – Olkin 度量		0.907
Bartlett 的球形度检验	近似卡方	4 393.901
	df	253
	Sig.	0.000

因子分析结果如表 5-7 显示：提取了四个因子。根据旋转平方和载入，因子 1、因子 2、因子 3、因子 4 的方差贡献率分别为 19.681%、17.573%、16.001% 和 14.570%。它们的累计方差贡献率是 67.826%。

表 5-7 组织局内人问卷第一组样本解释的总方差

成分	初始特征值			提取平方和载入			旋转平方和载入		
	合计	方差的%	累积%	合计	方差的%	累积%	合计	方差的%	累积 %
1	11.558	50.251	50.251	11.558	50.251	50.251	4.527	19.681	19.681
2	1.499	6.516	56.768	1.499	6.516	56.768	4.042	17.573	37.255
3	1.390	6.042	62.810	1.390	6.042	62.810	3.680	16.001	53.256
4	1.154	5.017	67.826	1.154	5.017	67.826	3.351	14.570	67.826
5	0.808	3.515	71.341						
6	0.779	3.385	74.726						
7	0.637	2.771	77.497						

成分	初始特征值			提取平方和载入			旋转平方和载入		
	合计	方差的%	累积%	合计	方差的%	累积%	合计	方差的%	累积 %
8	0.628	2.732	80.229						
9	0.590	2.565	82.794						
10	0.543	2.360	85.155						
11	0.486	2.115	87.269						
12	0.399	1.734	89.003						
13	0.363	1.580	90.583						
14	0.342	1.488	92.071						
15	0.302	1.311	93.382						
16	0.278	1.211	94.592						
17	0.268	1.165	95.758						
18	0.234	1.017	96.775						
19	0.187	0.815	97.590						
20	0.173	0.752	98.343						
21	0.158	0.689	99.031						
22	0.141	0.614	99.645						
23	0.082	0.355	100.000						

提取方法：主成分分析。

表 5-8 是旋转后的成分矩阵。根据该矩阵，题项 X30，X55，X26 在这四个因子上的载荷都小于 0.500，其他题项都有某一个成分的载荷超过 0.05。

表5-8 组织局内人问卷第一组样本旋转成分矩阵

	成分			
	1	2	3	4
X01	0.210	− 0.006	0.778	0.355
X02	0.339	0.232	0.770	0.142
X03	0.233	0.211	0.733	0.238
X05	0.084	0.341	0.689	0.004

	成分			
	1	2	3	4
X30	0.292	0.163	0.490	0.405
X31	0.352	0.522	0.345	0.381
X35	0.402	0.694	0.154	0.292
X36	0.344	0.764	0.229	0.154
X38	0.033	0.847	0.165	0.223
X40	0.405	0.595	0.181	0.288
X49	0.439	0.577	0.255	0.309
X55	0.417	0.428	0.442	0.318
X58	0.698	0.251	0.242	0.312
X26	0.478	0.441	0.179	0.260
X61	0.702	0.162	0.432	0.106
X64	0.785	0.205	0.070	0.236
X27	0.727	0.164	0.203	0.278
X62	0.653	0.389	0.381	0.035
X34	0.539	0.417	0.274	0.159
X11	0.301	0.211	0.130	0.549
X13	0.126	0.223	0.341	0.667
X15	0.112	0.219	0.131	0.841
X16	0.312	0.237	0.140	0.782

提取方法：主成分。

旋转法：具有 Kaiser 标准化的正交旋转法。

a. 旋转在 6 次迭代后收敛。

根据要求，删除题项 X30，X55，X26。此外，考虑到题项 X58 的内涵与同因子中的其他题项不一致，也删除掉。于是，探索性因子分析之后最终剩下 19 项。其中，因子 1、因子 2、因子 3、因子 4 的题项分别为 5 项、6 项、4 项、4 项。

表5-9 是组织局内人问卷第一组样本探索性因子分析的结果。经计算，因子 1、因子 2、因子 3、因子 4 的权重分别为 0.290、0.259、0.236、0.215。

表5-9　组织局内人问卷第一组样本探索性因子分析结果

题项	因子1	因子2	因子3	因子4
X27 当机会出现时，我公司能迅速行动以抓住机会	0.727			
X34 我公司用强有力的价值观来协调员工	0.539			
X61 总体而言，我公司内部具有良好的协调能力	0.702			
X62 我公司善于发现、掌握新商机	0.653			
X64 我公司能对市场需求变化做出快速的反应	0.785			
X31 我公司能够发展员工的技能		0.522		
X35 我公司通过鼓励、指导和表彰来激励员工		0.694		
X36 我所在的公司提供职业发展机会来激励员工		0.764		
X38 我公司员工越努力工作，得到的提升机会越多		0.847		
X40 我公司鼓励员工实现自我和超越自我		0.595		
X49 我公司在组织内部能够共享知识		0.577		
X01 我公司有明确的使命			0.778	
X02 我公司有令人向往的愿景			0.770	
X03 我公司清晰地表达出组织成功的方向			0.733	
X05 我公司的员工参与讨论组织方向的实现办法			0.698	
X11 我公司同事之间的人际关系和谐				0.549
X13 我公司强调员工共同努力来提高产品/服务的质量				0.667
X15 为了完成公司的目标，我明确自己的工作任务				0.841
X16 为了完成公司的目标，我明确自己的职责				0.782
项数：19	5	6	4	4
权重：1	0.290	0.259	0.236	0.215

题项 X27、X34、X61、X62、X64 分别是抓住机会的能力、用价值观协调员工、协调能力、掌握商机、市场反应能力。[①] 因子1可以命名为协调能力。X31、X35、X36、X38、X40、X49 分别是发展员工技能、表彰激励、提

---

① X27、X34、X61、X62、X64 分别对应附录中员工问卷初始版题项 X429、X638、V69、V70、V72

供职业发展机会、提升职位、鼓励超越自我、共享知识。① 因子2可以命名为激励动力。X01、X02、X03、X05分别是使命、愿景、方向、实现方法。② 因子3可以命名为愿景方向。X11、X13、X15、X16分别是人际关系、共同努力提供质量、明确工作任务、明确职责。③ 因子4可以命名为责任氛围。

5.2.3 对第二组样本进行验证性因子分析

对探索性因子进行分析得出，员工视角组织健康是由19个题项、4个因子构成。是否真的如此，还需要进一步检验。本研究采用AMOS 20.0软件对第二组问卷数据(256份)进行验证性因子分析。组织健康各个因子及组织健康整体的验证性因子分析结果如表5-10。根据荣泰生的观点，通常综合应用一些拟合度指标来判断数据是否拟合良好，并要求卡方值/自由度小于3，P值大于0.05；RMSEA小于0.1；NFI、RFI、GFI、CFI等越接近1越好，最好大于0.9。[265] 由此可以知道，组织健康各个因子的CMIN/DF都小于2，P值都大于0.05，NFI、RFI、CFI、GFI值都大于0.9，RMSEA都小于0.05。因此，验证性因子分析的拟合指数都达标。

表5-10 组织局内人问卷第二组样本验证性因子分析结果

	CMIN/DF	P值	NFI	RFI	CFI	GFI	RMSEA
参考标准	<3	>0.05	>0.90	>0.90	>0.90	>0.90	<0.1
因子1	0.792	0.453	0.997	0.986	1.00	0.997	0.000
因子2	1.379	0.219	0.991	0.977	0.997	0.989	0.039
因子3	0.611	0.434	0.999	0.992	1.00	0.999	0.000
因子4	1.076	0.300	0.998	0.987	1.00	0.998	0.017
组织健康	2.023	0.051	0.94	0.904	0.968	0.926	0.063

备注：CMIN指卡方值；DF指自由度；P值指概率水平；RMSEA是近似误差均方根；GFI是拟合优度指数；CFI是相对拟合指数；NFI是标准拟合指数。

组织健康整体的CMIN/DF是2.023，小于3。NFI、RFI、CFI、GFI值分别为

---

① X31、X35、X36、X38、X40、X49分别对应附录中员工问卷初始版题项X534、X639、X640、X642、X644、X855
② X01、X02、X03、X05分别对应附录中员工问卷初始版题项X11、X12、X13、X15
③ X11、X13、X15、X16分别对应附录中员工问卷初始版题项X212、X214、X317、X318

0.94、0.904、0.968、0.926，都大于0.9。RMSEA 为0.063，小于0.1。因此，数据与模型拟合是可接受的。图5-1是组织健康验证性因子分析的模型示意图。

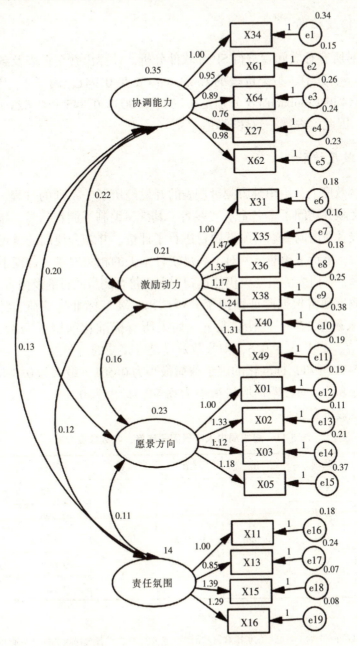

图 5-1　组织局内人视角组织健康验证性因子分析示意图

5.2.4 组织局内人问卷量表的信度和效度检验

5.2.4.1 信度检验

通过对所有有效问卷进行 SPSS 软件分析，计算出整个量表及各个因子的 Cronbach's α。其中，整个量表的 Cronbach's α 是 0.941，因子 1、因子 2、因子 3、因子 4 的 Cronbach's α 分别是 0.864、0.903、0.845 和 0.828。这些值都大于 0.8，因此，内部一致性较好。

5.2.4.2 效度检验

在内容效度上，组织健康测量量表的开发经历了一系列的过程。首先，阅读了大量文献并访问了多名企业实践者。其次，编制了调查问卷。接着，让包括企业实践者在内的专家对测试题目进行了评价，并综合他们的意见修正调查问卷。最后，进行了预测试。对不满足统计学上的相关要求、含糊不清的题项进行删除后，本研究测量题项仍能达到看上去符合测量的目的及内容。

收敛效度通常根据验证性因子分析结果，观察标准化载荷、计算 CR 和 AVE 的值来衡量的。① 一般情况下，如果所有标准化的因子载荷大于 0.5，CR 大于 0.7，AVE 大于 0.5，则收敛效度是可接受的。[266]

由表 5-11 可知，标准化的因子载荷最小为 0.501，最大为 0.898；组合信度都大于 0.8；平均方差抽取量最小为 0.54，最大为 0.59。因此，组织健康量表的收敛效度是良好的。

表 5-11　组织局内人问卷因子信度、收敛效度分析

因子	题项	α	CR	AVE	SL(t)	SMC
因子 1	X34	0.858	0.850	0.54	0.554	0.306
	X61				0.798	0.637
	X64				0.870	0.757
	X27				0.694	0.481
	X62				0.736	0.542

① CR 的值是以同一个因子各题项的标准载荷和的平方为被除数，以各个题项的标准载荷和的平方加上各题项误差变异量的和为除数，算出的商。AVE 的值是以同一个因子各题项的标准载荷的平方的和为被除数，以各个题项的标准载荷平方的和加上各题项误差变异量的和为除数，算出的商。

因子	题项	α	CR	AVE	SL(t)	SMC
因子2	X31	0.895	0.893	0.59	0.662	0.439
	X35				0.890	0.793
	X36				0.849	0.721
	X38				0.734	0.538
	X40				0.618	0.382
	X49				0.805	0.648
因子3	X01	0.851	0.850	0.59	0.774	0.599
	X02				0.898	0.806
	X03				0.723	0.523
	X05				0.647	0.419
因子4	X11	0.831	0.833	0.57	0.614	0.376
	X13				0.501	0.251
	X15				0.924	0.853
	X16				0.893	0.797

备注：α 是信度，CR 是 composite reliability 组合效度，AVE 是 average variance extracted 平均方差提取，SL 是 standardized loading 标准化载荷，SMC 是 squared multiple correlation 标准化载荷的平方

　　为了评价区别效度，需要计算各个因子之间的标准化相关系数，如果计算出的相关系数的值小于所涉及的 AVE 的平方根，并且小于 0.85，则有良好的区别效度。由表 5-12 可见，各个因子之间的相关系数最小为 0.508，最大为 0.734，都小于所涉及的 AVE 的平方根，并且小于 0.85，符合区别效度的要求。

表 5-12　组织局内人问卷因子的区别效度检验

因子	因子 1	因子 2	因子 3	因子 4
因子 1	(0.735)			
因子 2	0.734	(0.768)		
因子 3	0.616	0.605	(0.768)	
因子 4	0.539	0.643	0.508	(0.755)

备注：对角线括号内的数字是各因子的 AVE 的平方根，左下方是相关系数值

5.3 组织局外人视角的组织健康正式测试

组织局外人视角的正式测试分两阶段进行。第一阶段得到来自 217 家企业的 276 份有效问卷。将其记为第一组样本，用来进行探索性因子分析。第二阶段得到来自 147 家企业的 425 份有效问卷。将其记为第二组样本，用来进行验证性因子分析。经独立样本 T 检验，两组数据之间没有显著差异。

5.3.1 用于探索性因子分析的样本构成

用于探索性因子分析的样本共 276 份。按照性别划分，183 人为男性，93 人为女性。男性占总数的 66.3%；女性占总数的 33.7%。

按照年龄划分，28 人小于 30 岁，占 10.0%；163 人处于 30～35 岁，占 59.1%；64 人处于 36～40 岁，占 23.2%；15 人处于 41～45 岁，占 5.4%；5 人处于 46～50 岁，占 1.8%；1 人处于 50～55 岁，占 0.4%。

按照学历，2 人为高中及以下，占 0.7%；8 人为大专，占 2.9%；63 人为本科，占 22.8%；201 人为硕士研究生，占 72.8%；2 人为博士研究生，占 0.7%。

按照职位，34 人为普通员工，占 12.3%；69 人为基层管理者，占 25%；126 人为中层管理者，占 45.7%；36 人为高层管理者，占 13%；9 人为 CEO，占 3.3%；2 人为其他职位，占 0.7%。

根据企业性质，56 家为中央直属国有企业，占总数的 20.3%；79 家为地方性国有企业，占 28.6%；17 家为事业单位，占 6.2%；76 家为外资企业，占 27.5%；48 家为民营企业，占 17.4%。

根据企业规模，18 家企业规模在 50 人以下，占总数的 6.5%；12 家企业

50~100 人，占 4.3%；20 家企业 101~200 人，占 7.2%；38 家企业 201~500 人，占 13.8%；23 家企业 501~1 000 人，占 8.3%；165 家企业 1 001 人以上，占 59.8%。

根据企业所处行业，47 家企业处于计算机、互联网、通讯、电子行业，占总数的 17%；25 家企业处于证券、银行、保险等金融行业，占 9.1%；26 家处于贸易、消费行业，占 9.4%；71 家处于制造业，占 25.7%；20 家企业处于制药、医疗行业，占 7.2%；22 家企业处于房地产、建筑行业，占 8.0%；6 家处于媒体、广告、专业服务，占 2.2%；4 家企业处于物流、运输行业，占 1.4%；21 家企业处于能源、原材料行业，占 7.6%；8 家企业处于旅游、酒店、餐饮行业，占 2.9%；26 家企业处于其他行业，占 9.5%。

从区域上看，231 家企业分布在中国东部，占 83.7%；13 家企业分布在中国南部，占 4.7%；17 家企业分布在中国中西部，占 6.2%；15 家企业分布在中国东北部，占 5.4%。

5.3.2 用于验证性因子分析的样本构成

用于验证性因子分析的样本共 425 份。参与答卷的人中，224 人为男性，占 52.7%；201 人为女性，占 47.3%。

根据年龄，119 人小于 30 周岁，占 28%；157 人为 30 周岁至 35 周岁，占 36.9%；63 人为 36 周岁至 40 周岁，占 14.8%；29 人为 41 周岁至 45 周岁，占 6.8%；46 人为 46 周岁至 50 周岁，占 10.8%；8 人为 51 周岁至 55 周岁，占 1.9%；3 人为大于 55 周岁，占 0.7%。

根据学历，49 人为高中及以下，占 11.5%；197 人为大专，占 46.4%；149 人为本科，占 35.1%；30 人为研究生，占 7.1%。

根据职位，普通员工 212 人，占 49.9%；基层管理者 78 人，占 18.4%；中层管理者 116 人，占 27.3%；高层管理者 19 人，占 4.5%。

根据企业规模，员工总数在 50 人以下的企业有 40 家，占 9.4%；员工总数为 50 人至 100 人的企业 53 家，占 12.5%；员工总数为 101 人至 200 人的企业 74 家，占 17.4%；员工总数为 201 至 500 人的企业 145 家，占 34.1%；员工总数为 501 至 1000 人的企业 62 家，占 14.6%；1001 人以上的企业 51 家，占 12.0%。

根据行业，分布在制造业和制药行业的企业占一半以上，其他分布在房地产、能源、贸易消费等行业。

5.3.3 探索性因子分析

5.3.3.1 因子分析适切性

本书中的数据检验结果 KMO 值为 0.953，Bartlett 检验显著性值为 0.000。因此，本书可以进行因子分析。具体如表 5-13 所示。

表 5-13　组织局外人问卷第一组样本 KMO 和 Bartlett 的检验

取样足够度的 Kaiser – Meyer – Olkin 度量		0.953
Bartlett 的球形度检验	近似卡方	13 537.307
	df	1 830
	Sig.	0.000

5.3.3.2 因子分析过程与研究结果

表 5-14 反映了各成分特征值、方差的贡献率等信息。共提取了五个特征值大于 1 的因子。第一个因子的特征根是 5.960，方差贡献率为 16.11%；第二个因子特征根是 5.092，方差贡献率为 13.76%；第三个因子的特征根是 4.532，方差贡献率为 12.25%；第四个因子的特征根是 4.327，方差贡献率为 11.69%；第五个因子的特征根是 3.637，方差贡献率为 9.83%。前五个因子累计贡献率为 63.64%，即解释了所有信息的 63.64%。

表 5-14　组织局外人问卷第一组样本解释的总方差

成分	初始特征值			提取平方和载入			旋转平方和载入		
	合计	方差的%	累积%	合计	方差的%	累积%	合计	方差的%	累积 %
1	16.675	45.067	45.067	16.675	45.067	45.067	5.960	16.108	16.108
2	2.457	6.642	51.709	2.457	6.642	51.709	5.092	13.761	29.869
3	1.878	5.077	56.786	1.878	5.077	56.786	4.532	12.250	42.119
4	1.436	3.882	60.668	1.436	3.882	60.668	4.327	11.694	53.813
5	1.101	2.975	63.642	1.101	2.975	63.642	3.637	9.829	63.642
6	0.955	2.580	66.222						

成分	初始特征值			提取平方和载入			旋转平方和载入		
	合计	方差的%	累积%	合计	方差的%	累积%	合计	方差的%	累积 %
7	0.844	2.282	68.505						
8	0.781	2.110	70.614						
9	0.720	1.947	72.561						
10	0.640	1.729	74.290						
11	0.629	1.700	75.991						
12	0.605	1.636	77.626						
13	0.557	1.505	79.131						
14	0.548	1.481	80.612						
15	0.517	1.397	82.008						
16	0.487	1.317	83.325						
17	0.472	1.277	84.602						
18	0.459	1.240	85.841						
19	0.457	1.234	87.075						
20	0.432	1.168	88.244						
21	0.407	1.100	89.343						
22	0.393	1.061	90.405						
23	0.344	0.930	91.334						
24	0.342	0.924	92.258						
25	0.309	0.834	93.092						
26	0.280	0.758	93.849						
27	0.272	0.736	94.586						
28	0.261	0.706	95.292						
29	0.253	0.685	95.977						
30	0.243	0.657	96.634						
31	0.223	0.604	97.238						
32	0.212	0.573	97.811						

续　表

成分	初始特征值			提取平方和载入			旋转平方和载入		
	合计	方差的%	累积%	合计	方差的%	累积%	合计	方差的%	累积 %
33	0.192	0.520	98.331						
34	0.179	0.483	98.814						
35	0.168	0.454	99.268						
36	0.151	0.408	99.677						
37	0.120	0.323	100.000						

提取方法：主成分分析。

图5-2是碎石图，其横坐标是因子序号，纵坐标是各因子对应的特征值。从图中可以看出，因子1、2之间连线的坡度很陡，因子2、因子3、因子4、因子5之间连线的坡度比后面因子之间连线的坡度更陡。说明前面2个因子，即因子1、因子2是最主要的因子，中间3个因子，即因子3、因子4、因子5也重要。

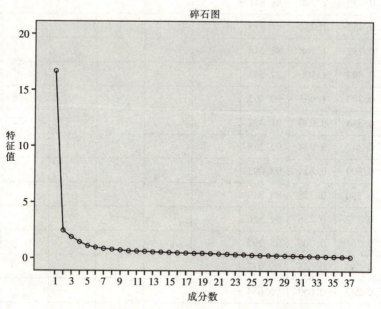

图5-2　组织局外人视角探索性因子分析特征值碎石图

表5-15是旋转前的因子矩阵。从表中可以知道，U13题项对因子1的权数是0.756，对因子2的权数是 −0.185，对因子3的权数是0.206，对因子4

的权数是 −0.196，对因子 5 的权数是 0.010。旋转前的因子矩阵结果不明显，因此必须旋转。

因子权数(负荷量)可以说是各因子对各测量变量的解释程度。如果把负荷量平方后相加，反映的是解释变异量。各因子对于各题解释变异量的总和，反映了所抽取的因子对于各题的总解释力。

表5-15　组织局外人问卷第一组样本旋转前的成分矩阵

	成分				
	1	2	3	4	5
U13	0.756	−0.185	0.206	−0.196	0.010
U11	0.735	−0.239	0.153	−0.057	0.191
X31	0.728	0.363	−0.079	0.192	0.040
U42	0.727	−0.279	0.105	−0.225	0.044
U32	0.727	−0.147	0.182	−0.221	−0.093
V21	0.723	−0.032	−0.021	−0.225	0.014
Z22	0.723	−0.276	−0.304	0.085	0.151
Z11	0.722	−0.342	−0.237	0.095	0.200
Y22	0.722	−0.305	0.025	0.098	−0.206
U31	0.712	−0.170	0.267	−0.236	−0.129
Y12	0.706	−0.026	0.030	0.218	−0.231
Z21	0.703	−0.316	−0.171	0.138	0.133
Z12	0.696	−0.348	−0.331	0.145	0.212
X32	0.695	0.339	−0.129	0.224	0.052
Y17	0.693	0.025	0.281	0.064	−0.097
V31	0.693	0.246	−0.436	−0.185	−0.094
Y11	0.689	−0.171	0.036	0.291	−0.169
Z32	0.676	−0.278	−0.163	−0.061	0.179
Y21	0.675	−0.106	0.117	0.179	−0.302
U41	0.674	−0.235	0.255	−0.195	0.060
U23	0.663	0.174	0.136	−0.288	−0.210

	成分				
	1	2	3	4	5
V11	0.659	0.293	-0.154	-0.284	-0.079
V32	0.656	0.271	-0.338	-0.229	-0.137
U21	0.656	0.100	0.191	-0.245	-0.002
Y13	0.653	-0.241	-0.024	0.289	-0.157
X24	0.651	0.433	0.112	0.166	0.129
V22	0.647	0.333	-0.393	-0.221	-0.028
Y14	0.647	-0.076	0.255	0.204	-0.143
Y16	0.643	0.222	0.092	-0.028	-0.221
V12	0.642	0.203	-0.222	-0.271	0.051
U12	0.640	-0.167	0.330	-0.043	0.217
X22	0.633	0.379	0.062	0.275	0.090
Z31	0.622	-0.148	-0.351	0.041	0.209
X11	0.594	0.288	0.325	0.100	0.294
X23	0.553	0.447	0.068	0.262	0.230
Y18	0.515	0.037	-0.177	0.286	-0.405
X21	0.500	0.345	0.385	0.009	0.228

提取方法：主成分。a. 已提取了 5 个成分。

旋转后的成分矩阵比原来的成分矩阵更好地对主因子进行了解释。

因子 1 的题项[①]有 U11，U12，U13，U21，U31，U32，U41，U42，具体包括变革能力、捕捉机会能力、适应环境能力、质量把控能力、效率改进能力、利用各种资产能力、自我否定能力、吸收知识能力。因此，因子 1 主要代表组织能力。

因子 2 的题项[②]有 Z11，Z12，Z21，Z22，Z31，Z32，分别是领导密切联

---

① U11，U12，U13，U21，U31，U32，U41，U42 对应附录中组织局外人视角问卷 U1，U2，U3，U4，U7，U8，U9，U10

② Z11，Z12，Z21，Z22，Z31，Z32 对应附录组织局外人视角问卷中的 Z1，Z2，Z3，Z4，Z5，Z6

系群众的作风、关于权力的思想作风、说行一致的作风、务实作风、勤俭节约的作风、奋斗的作风。因此，因子2主要代表组织作风。

因子3的题项①有V22，V31，V32，V52，V91，分别是信守合同、注重商业道德、尊重知识产权、重视业务伙伴、重视消费者。因此，因子3主要代表组织外向行为。

因子4的题项②X11，X21，X22，X23，X24，X31，X32，分别是愿景方向、行业地位、法律意识、执行法律责任、重视社会责任、保障合法权益、诚信道德。因此，因子4主要代表企业精神。

因子5的题项③有Y11，Y12，Y13，Y18，Y21，分别是决策制度、"一岗双责"制度、协作制度、资料管理制度、资源分配制度。因此，因子5主要代表组织制度结构。

经整理，组织局外人问卷探索性因子分析的结果如表5-16。因子1、因子2、因子3、因子4、因子5分别含有8个题项、6个题项、5个题项、7个题项、5个题项。结合前面的表5-14，还可以计算出因子1、因子2、因子3、因子4、因子5的权重分别是0.253、0.216、0.192、0.184、0.155。

表5-16　组织局外人问卷探索性因子分析结果

题项	因子1	因子2	因子3	因子4	因子5
该公司尊重发扬员工创新、锐意进取的精神，能够挑战自我、主动变革、寻求突破	0.579				
该公司善于发现、掌握新的商业机会	0.607				
该公司员工能够创造、获取和传递知识，并善于修正自身的行为，以适应公司新的形势和公司发展的新要求	0.680				
该公司管理层能够清晰地对企业经营质量的全过程进行控制	0.557				

① V22，V31，V32，V52，V91对应附录组织局外人视角问卷中的V5，V6，V7，V13，V22
② X11，X21，X22，X23，X24，X31，X32对应附录组织局外人视角问卷中的X1，X2，X3，X4，X5，X6，X7
③ Y11，Y12，Y13，Y18，Y21对应附录组织局外人视角问卷中的Y1，Y2，Y3，Y8，Y9

题项	因子 1	因子 2	因子 3	因子 4	因子 5
该公司能优化各部门的设置和人员的配备以有利于工作效率的提高	0.713				
该公司能够有效利用企业的现有资产以提高企业的经济效益	0.654				
该公司勇于挑战传统的思维方式和经营模式，敢于承认并认识到自己企业的不足之处	0.680				
该公司员工具有饱满的工作热情，能够吸收、接纳员工或他人的意见	0.646				
该公司管理层在实际工作中，不存在脱离实际、脱离群众、做官当老爷的领导作风现象		0.748			
该公司管理层在工作中不存在奉行权力至上、媚俗社会权力、寻找权力靠山的倾向		0.801			
该公司在日常工作中，不存在工作流于形式、说一套做一套、工作落实不到位的现象		0.671			
该公司工作作风建设不存在表面鲜明而空无内容、哗众作秀的现象		0.720			
该公司不存在奢侈浪费、享乐主义的现象		0.646			
该公司管理层始终秉持着工作勤奋、艰苦奋斗的良好风气		0.615			
该公司信守合同约定的内容			0.763		
该公司遵守商业道德，进行公平竞争			0.763		
该公司不侵犯其他公司的知识产权，并及时保护本公司的知识产权			0.737		
该公司构建与业务伙伴的良好合作关系			0.612		
该公司保证公司产品和服务的质量，不发布虚假信息，无欺诈消费者的行为			0.661		
该公司有明确的战略追求和发展方向				0.689	

题项	因子1	因子2	因子3	因子4	因子5
该公司的发展处于行业领先的地位				0.640	
该公司有明确的法律意识，重视公正、透明、平等、民主的执行法律责任				0.662	
该公司具有处置补偿金、赔偿金、违约金、定金、押金(保证金)、滞纳金等经济责任问题的意识				0.730	
该公司具有明确的社会责任意识，能够积极承担社会责任，重视保护生态环境				0.692	
该公司秉承合理处理利益相关者的关系，保障利益主体的合法权益的理念				0.592	
该公司具有良好的经营动机，对于诚信缺失、道德滑坡的行为有明确的处罚力度				0.567	
该公司在对日常生产、经营等工作做出抉择时，能够做到透明、公开、民主的进行决策，而不流于形式					0.574
该公司既重视企业效率责任，又承担员工在企业内部遵纪守法的责任，重视"一岗双责"					0.570
该公司管理层领导相互协作，没有产生领导之间内耗的倾向					0.557
该公司没有发生过因资料丢失、被窃、泄密而对公司安全和利益产生影响的事故					0.647
该公司组织结构合理、产权明晰、分工明确，各部门之间资源分配比例适当					0.599
项数：31	8	6	5	7	5
权重：1	0.253	0.216	0.192	0.184	0.155

5.3.4 验证性因子分析

采用 AMOS 20.0 软件对组织局外人数据（425 份）进行分析。各个因子的验证性因子分析结果如下表 5-17。由表可以知道，CMIN/DF 都小于 2，P 值都大于 0.05，NFI、RFI、CFI、GFI 值都大于 0.9，RMSEA 都小于 0.05。

因此，验证性因子分析的拟合指数都达标。

表 5-17　组织局外人问卷第二组样本验证性因子分析结果

变量	CMIN	F	CMIN/DF	P 值	NFI	RFI	CFI	GFI	RMSEA
组织能力	14.573	8	1.822	0.068	0.996	0.985	0.998	0.992	0.044
组织作风	12.675	7	1.811	0.08	0.992	0.983	0.996	0.990	0.044
组织外向行为	1.118	3	0.373	0.773	0.999	0.998	1.00	0.999	0.000
企业精神	9.097	8	1.137	0.334	0.995	0.987	0.999	0.994	0.018
组织制度结构	1.565	3	0.522	0.667	0.999	0.997	1.000	0.999	0.000

备注：CMIN 指卡方值；DF 指自由度；P 值指概率水平；RMSEA 是近似误差均方根 r；GFI 是拟合优度指数；CFI 是相对拟合指数；NFI 是标准拟合指数

图 5-3 是组织局外人问卷组织健康验证性因子分析的示意图。CMIN／DF

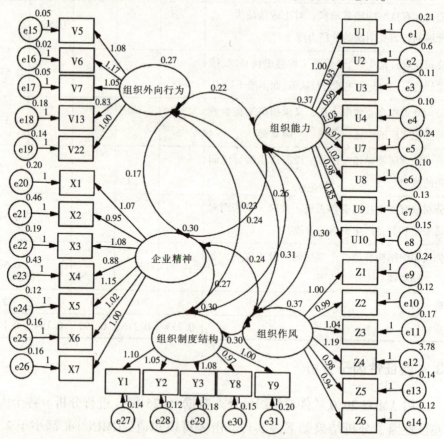

图 5-3　组织局外人视角组织健康验证性因子分析示意图

为 2.691，小于 3；NFI、RFI、CFI 的值分别为 0.947、0.916、0.966，都超过 0.90；GFI 的值是 0.895，比 0.90 稍微小一点点；RMSEA 为 0.063，小于 0.1。因此，数据与模型的匹配程度基本可以接受。

5.3.5 组织局外人问卷量表的信度和效度

5.3.5.1 信度分析

表 5-18 显示，组织健康整体的信度是 0.961；各因子的 Cronbach's α 最小为 0.826，最大为 0.912，都大于 0.7；CITC 是各因子内部题项之间的相关系数，在各因子内，最小是 0.362，但都大于 0.35，因此有较好的信度。

表 5-18　组织局外人问卷各因子信度分析

	CITC		题数	Cronbach's α
	最小值	最大值		
因子1	0.448	0.681	8	0.912
因子2	0.520	0.789	6	0.908
因子3	0.526	0.745	5	0.889
因子4	0.362	0.645	7	0.886
因子5	0.364	0.648	5	0.826
组织健康			31	0.961

5.3.5.2 效度分析

由表 5-19 可知，标准化的因子载荷都大于 0.5，组合信度都大于 0.9，平均方差抽取量最小为 0.56。因此，根据赵斌、刘开会和李新建等的研究，组织健康量表的收敛效度是良好的。

表 5-19　组织局外人问卷因子信度、效度分析

因子	题项	α	CR	AVE	SL（t）	SMC
组织能力	U1				0.797	0.635
	U2				0.823	0.678
	U3				0.898	0.807
	U4	0.948	0.95	0.71	0.844	0.713
	U7				0.881	0.776
	U8				0.843	0.711
	U9				0.852	0.725
	U10				0.781	0.611
组织作风	Z1				0.799	0.639
	Z2				0.801	0.642
	Z3	0.753	0.90	0.61	0.920	0.846
	Z4				0.351	0.123
	Z5				0.906	0.821
	Z6				0.752	0.565
组织外向行为	V5				0.888	0.788
	V6				0.930	0.865
	V7	0.932	0.93	0.73	0.927	0.859
	V13				0.700	0.490
	V22				0.796	0.634
企业精神	X1				0.771	0.594
	X2				0.537	0.288
	X3				0.778	0.606
	X4	0.897	0.90	0.56	0.625	0.391
	X5				0.950	0.903
	X6				0.762	0.580
	X7				0.747	0.558

因子	题项	α	CR	AVE	SL（t）	SMC
组织制度结构	Y1	0.915	0.91	0.66	0.827	0.684
	Y2				0.886	0.785
	Y3				0.837	0.700
	Y8				0.750	0.563
	Y9				0.765	0.585

备注：CR 是 composite reliability 组合效度，AVE 是 average variance extracted 平均方差提取，SL 是 standardized loading 标准化载荷，SMC 是 squared multiple correlation 标准化载荷的平方

由下表可以知道，各因子之间的相关系数最小为 0.566，最大为 0.838，都小于所涉及的 AVE 的平方根，并且小于 0.85，符合区别效度的要求。

表 5-20　组织局外人问卷因子的区别效度检验

因子	1	2	3	4	5
1 组织能力	(0.841)				
2 组织作风	0.664	(0.781)			
3 组织外向行为	0.692	0.698	(0.860)		
4 企业精神	0.629	0.592	0.566	(0.748)	
5 组织制度结构	0.838	0.702	0.760	0.740	(0.812)

注：对角线括号内的数字是各因子的 AVE 的平方根，左下方是 Pearson 相关系数

5.4 组织健康模型的检验

在对组织健康模型进行数据检验之前，需要介绍数据来源、样本描述、变量的信度检验、效度检验、相关分析。之后，本书用回归分析对变量之间假设的关系进行了检验。

5.4.1 数据来源和样本描述

考虑到员工对所在企业比较熟悉，在评价企业的环境不确定性、政府支持、企业绩效等方面比组织局外人有优势，因此在组织健康模型实证中，问卷数据是由员工来评价的。即使用了组织局内人角度的问卷。

数据来源同本书的 4.2.2.1 节。样本综合考虑了组织健康、环境不确定性、政府支持、企业绩效等变量数据的完整性，删除了在这些变量上数据不完整及答题明显不认真（例如全部选相同数字）的问卷，最后剩下 447 份有效问卷。

根据被调查者的性别，有 239 人为男性，占 53.5%；208 人为女性，占 46.5%。

根据被调查者的年龄，12 人为 23 周岁及以下，占 2.7%；284 人为 24 周岁至 35 周岁，占 63.5%；63 人为 36 至 40 周岁，占 14.1%；73 人为 41 周岁至 49 周岁，占 16.3%；15 人为 50 周岁以上，占 3.4%。

根据被调查者的学历，10 人为初中及以下，占 2.2%；52 人为高中，占 11.6%；221 人为大专，占 49.4%；133 人为本科，占 29.8%；31 人为研究生，占 6.9%。

根据被调查者在本企业的工作年限，64 人为 1 年以下，占 14.3%；104 人为 1 至 2 年，占 23.3%；114 人为 3 至 5 年，占 25.5%；134 人为 6 至 10 年，占 30%；31 人为 10 年以上，占 6.9%。

根据工作种类，90 人从事市场工作，占 20.1%；98 人从事技术工作，占 21.9%；136 人从事行政工作，占 30.4%；83 人从事财务工作，占 18.6%；40 人从事其他工作，占 8.9%。

根据职务，226 人为普通员工，占 50.6%；77 人为基层管理者，占 17.2%；125 人为中层管理者，占 28%；19 人为高层管理者，占 4.3%。

根据被调查企业的年龄，12 份样本为 1 至 2 年，占 2.7%；28 份样本为 3 至 5 年，占 6.3%；124 份为 6 至 10 年，占 27.7%；147 份为 11 年至 20 年，占 32.9%；136 份为 20 年以上，占 30.4%。

根据企业规模，42 份样本员工数量为 50 人以下，占 9.4%；65 份样本为 50 至 100 人，占 14.5%；88 份样本为 101 至 200 人，占 19.7%；145 份样本为 201 至 500 人，占 32.4%；63 份样本为 501 至 1 000 人，占 14.1%；44 份样本为 1 001 人以上，占 9.8%。

根据行业，264 份样本为制造、营运业，占 59.1%；61 份样本为制药、医疗业，占 13.6%；39 份样本为房地产、建筑业，占 8.7%；32 份样本为贸易、消费业，占 7.2%；剩下的样本在其他各种行业，但所占比率都不高。

5.4.2 变量信度和效度检验

各变量的信度检验结果如表 5-21 所示。由表可知，环境不确定性的 Cronbach's α 值是 0.905，政府支持的 Cronbach's α 值是 0.942，组织健康的 Cronbach's α 值是 0.945，企业绩效的 Cronbach's α 值是 0.925。因此，这些变量的信度较好。

表 5-21　潜变量信度检验结果

变量	题项数	均值	标准差	Cronbach's α	信度水平
环境不确定性	7	3.785	0.652	0.905	非常好
政府支持	5	3.196	0.640	0.942	非常好
组织健康	19	3.154	0.375	0.945	非常好
企业绩效	7	2.329	0.505	0.925	非常好

至于效度，本研究中，除了组织健康这个变量的测量工具是笔者开发的外，其他变量的测量工具都比较成熟。

根据荣泰生的研究，在建构效度上，同一因子中各题项负荷量必须大于 0.5；组织健康各因子内的各个题项的标准载荷最小为 0.547，最大为 0.901；各因子的 CR 最小为 0.83，最大为 0.90；AVE 最小为 0.57，最大为 0.60。因此效度达到科学研究的要求。组织健康验证性因子分析模型中，CMIN/DF 为 2.180；RMR 为 0.024，小于 0.05；GFI 为 0.960，大于 0.9；NFI 为 0.970，大于 0.9；CFI 为 0.983，大于 0.9；RMSEA 为 0.051，小于 0.1。因此，各拟合指数都达到要求。

表 5-22　组织健康变量各因子效度和各题项的载荷

因子	题项	标准载荷	载荷的平方	CR	AVE
因子 1	X34	0.638	0.408	0.88	0.59
	X61	0.724	0.524		
	X64	0.809	0.655		
	X27	0.769	0.592		
	X62	0.871	0.758		

因子	题项	标准载荷	载荷的平方	CR	AVE
因子2	X31	0.679	0.461	0.90	0.60
	X35	0.900	0.810		
	X36	0.831	0.691		
	X38	0.731	0.535		
	X40	0.666	0.443		
	X49	0.798	0.637		
因子3	X01	0.816	0.666	0.85	0.59
	X02	0.858	0.736		
	X03	0.752	0.566		
	X05	0.639	0.409		
因子4	X11	0.581	0.337	0.83	0.57
	X13	0.547	0.299		
	X15	0.901	0.812		
	X16	0.901	0.812		

备注：CMIN/DF = 2.180，RMR = 0.024，GFI = 0.960，NFI = 0.970，CFI = 0.983，RMSEA = 0.051

　　环境不确定性各题项的标准载荷最小为 0.682，最大为 0.807，CR 为 0.91，AVE 为 0.58。因此变量效度达到科学研究的要求。环境不确定性验证性因子分析模型中，CMIN/DF 为 1.927，小于 2；P 值为 0.073，大于 0.05；RMR 为 0.009，小于 0.05；GFI 为 0.993，大于 0.9；NFI 为 0.994，大于 0.9；CFI 为 0.997，大于 0.9；RMSEA 为 0.046，小于 0.05。因此，各拟合指数都达到要求。

表 5-23　环境不确定性变量的效度

变量	题项	标准载荷	载荷的平方	CR	AVE
环境不确定性	EN1	0.782	0.612	0.91	0.58
	EN2	0.784	0.615		
	EN3	0.736	0.542		
	EN4	0.796	0.633		
	EN5	0.682	0.466		
	EN6	0.752	0.565		
	EN7	0.807	0.652		

备注：MIN/DF = 1.927，$p = 0.073$，RMR = 0.009，GFI = 0.993，NFI = 0.994，CFI = 0.997，RMSEA = 0.046

政府支持各题项的标准载荷最小为 0.812，最大为 0.909，CR 为 0.94，AVE 为 0.75。因此变量效度达到科学研究的要求。政府支持验证性因子分析模型中，CMIN/DF 为 1.373，小于 2；P 值为 0.249，大于 0.05；RMR 为 0.005，小于 0.05；GFI 为 0.996，大于 0.9；NFI 为 0.998，大于 0.9；CFI 为 0.999，大于 0.9；RMSEA 为 0.029，小于 0.05。因此，各拟合指数都达到要求。

表 5-24　政府支持变量的效度

变量	题项	标准载荷	载荷的平方	CR	AVE
政府支持	Y01	0.817	0.667	0.94	0.75
	Y02	0.900	0.810		
	Y03	0.909	0.827		
	Y04	0.886	0.785		
	Y05	0.812	0.660		

备注：MIN/DF = 1.373，$p = 0.249$，RMR = 0.005，GFI = 0.996，NFI = 0.998，CFI = 0.999，RMSEA = 0.029

企业绩效各题项的标准载荷最小为 0.583，最大为 0.921，CR 为 0.90，AVE 为 0.58。因此变量效度达到科学研究的要求。企业绩效验证性因子分析模型中，CMIN/DF 为 2.653，小于 3；RMR 为 0.007，小于 0.05；GFI 为 0.993，大于 0.9；NFI 为 0.996，大于 0.9；CFI 为 0.998，大于 0.9；RMSEA 为 0.061，小于 0.1。因此，各拟合指数基本达到要求。

表5-25　企业绩效变量的效度

变量	题项	标准载荷	载荷的平方	CR	AVE
企业绩效	P01	0.663	0.440	0.90	0.58
	P02	0.625	0.391		
	P03	0.583	0.340		
	P04	0.599	0.358		
	P05	0.909	0.826		
	P06	0.919	0.844		
	P07	0.921	0.848		

备注：CMIN/DF = 2.653，RMR = 0.007，GFI = 0.993，NFI = 0.996，CFI = 0.998，RM-SEA = 0.061

5.4.3 变量之间的相关分析

本书变量之间的相关性分析结果如表5-26。由表可知：行业与企业规模、政府支持有显著性相关；企业规模与企业年龄、企业绩效显著相关；政府支持与环境不确定性、组织健康、企业绩效显著相关；企业年龄与环境不确定性、企业绩效显著相关；环境不确定性与组织健康、企业绩效显著相关；组织健康与企业绩效显著相关。

其中，政府支持与组织健康的相关系数是0.461，在0.01水平上显著相关；组织健康与企业绩效的相关系数是0.421，在0.01水平上显著相关。

表5-26　变量之间的相关性

变量	1	2	3	4	5	6	7
1 行业	1						
2 企业规模	−0.189**	1					
3 政府支持	0.119*	−0.060	1				
4 企业年龄	−0.018	0.388**	0.052	1			
5 环境不确定性	−0.060	0.015	0.232**	0.104*	1		
6 组织健康	0.031	0.002	0.461**	−0.017	0.325**	1	
7 企业绩效	0.068	0.187**	0.334**	0.103*	0.173**	0.421**	1

备注：*. 在0.05水平（双侧）上显著相关，**. 在0.01水平（双侧）上显著相关。

5.4.4 假设的实证检验

本书将运用 SPSS 18.0 软件线性回归方法检验政府支持对组织健康的影响、组织健康对企业绩效的影响、企业年龄对组织健康与企业绩效之间关系的调节作用、环境不确定性对组织健康与企业绩效之间关系的调节作用、政府支持对企业绩效的影响、组织健康在政府支持与企业绩效之间的中介作用、企业年龄对组织健康在政府支持与企业绩效之间中介作用的调节、环境不确定性对组织健康在政府支持与企业绩效之间中介作用的调节。

其中，对于调节作用的检验、中介作用的检验、有调节的中介效应的检验，用层次回归分析法。在回归之前对变量进行了标准化处理，并在每个层次的回归中计算了方差膨胀因子（VIF），以判断是否存在多重共线性问题。结果显示，每个模型的方差膨胀因子都小于 10。因此，可以认为各变量之间不存在多重共线性问题。

5.4.4.1 主效应检验

在模型 1 中，用控制变量行业和企业规模作为自变量，进行回归。

接着，由于模型 2 是政府支持与组织健康关系的检验，因此在模型 1 的基础上加上自变量政府支持，并进行回归。模型 2 的 F 检验值为 102.988，对应的概率值 0.000，因此，行业、企业规模和政府支持这几个变量综合起来对组织健康有显著影响。政府支持的回归系数（$\beta = 0.646$，$p = 0.000$，即 $p < 0.01$）表明其在 0.01 水平上对组织健康有显著正向影响。因此，H1 得以证明，即政府支持正向显著影响组织健康。

模型 5 是控制变量行业和企业规模当作自变量，以企业绩效为因变量进行回归。结果模型显著，F 检验值为 10.875，对应的概率值为 0.000，小于 0.05。行业回归系数（$\beta = 0.108$，$p = 0.023$）、企业规模的回归系数都显著（$\beta = 0.209$，$p = 0.000$）。

模型 6 在模型 5 的基础上加上变量组织健康，并进行回归。F 检验值为 41.384，对应的概率值为 0.000。因此，行业、企业规模和组织健康这几个变量综合起来对企业绩效有显著影响。组织健康的回归系数（$\beta = 0.416$，$p = 0.000$）表明其在 0.01 水平上对企业绩效有显著正向影响。因此，H2 得以证明，即组织健康显著正向影响企业绩效。

模型 7 是在模型 5 的基础上加上自变量政府支持，并进行回归。回归模型显著（F 值为 27.765，$p < 0.05$）。政府支持的回归系数（$\beta = 0.337$，$p = 0.000$）表明其在 0.01 水平上对企业绩效有显著正向影响。因此，H5 得以证明，即政府支持正向显著影响企业绩效。

表 5-27　多元层次回归分析结果（M1-M8）

变量	组织健康				企业绩效			
模型	M1	M2	M3	M4	M5	M6	M7	M8
1. 控制变量								
行业	0.034	-0.039	-0.035	-0.023	0.108**	0.094**	0.070	0.095**
企业规模	0.012	0.035	0.066	0.032	0.209***	0.204***	0.221***	0.191***
2. 自变量								
政府支持		0.646***	0.651***	0.601***			0.337***	
3. 调节变量								
企业年龄			-0.077*					0.034
环境不确定性			0.183***					0.041
4. 中介变量								
组织健康						0.416***		0.403***
R^2	0.001	0.411	0.416	0.443	0.047	0.219	0.159	0.222
调整后 R^2		0.407	0.411	0.438	0.042	0.214	0.153	0.213
R^2 变动		0.004	0.005	0.005	0.005	0.005	0.006	0.009
F 统计值	0.256	102.988***	78.674***	87.637***	10.875***	41.384***	27.765***	25.115***

备注：*、**、*** 分别表示在 0.1、0.05、0.01 水平上显著，表中数据是标准化回归系数

5.4.4.2 调节效应检验

本书要检验企业年龄对组织健康与企业绩效关系的调节作用、环境不确定性对组织健康与企业绩效关系的调节作用。首先，对自变量、调节变量进行标准化，再进行层次回归。层次回归具体步骤是：（1）企业绩效对行业、企业规模，组织健康的回归（模型 6）；（2）企业绩效对行业、企业规模，组织健康，企业年龄，环境不确定性的回归（模型 8）；（3）企业绩效对行业、

企业规模，组织健康，企业年龄，环境不确定性，组织健康×企业年龄，组织健康×环境不确定性的回归（模型9）。

模型8是在模型6的基础上，加上调节变量企业年龄、环境不确定性之后进行的回归。F检验值为25.115，对应的概率值为0.000，因此，行业、企业规模，组织健康，企业年龄，环境不确定性这几个变量综合起来对企业绩效有显著影响。模型8中的组织健康的标准化回归系数是0.403，表明其在0.05水平上对企业绩效有显著影响。

模型9是在模型8的基础上，再加入调节变量和自变量的乘积项进行的回归。F检验值为18.699，对应的概率值为0.000，因此，行业、企业规模，组织健康，企业年龄，环境不确定性，组织健康×企业年龄，组织健康×环境不确定性综合起来对企业绩效有显著影响。对应的$R2$是0.230。根据组织健康×企业年龄的回归系数（$\beta = -0.599$，$p = 0.170$），组织健康×环境不确定性的回归系数（$\beta = -0.718$，$p = 0.192$），可以知道，两个交互项的系数都不显著。因此，H3和H4没有得到支持。即检验结果显示：企业年龄对组织健康与企业绩效关系没有显著负向调节作用；环境不确定性对组织健康与企业绩效关系没有显著负向调节作用。

5.4.4.3 中介效应检验

为检验H6，即组织健康在政府支持与企业绩效之间起中介作用，我们分层回归的步骤是：（1）企业绩效对政府支持回归，系数为正（模型7已证明）；（2）组织健康对政府支持回归，系数为正（模型2已证明）；（3）企业绩效对政府支持、组织健康回归（模型10）已证明，结果显示：回归方程显著（F检验值为32.408，$p = 0.000$）。增加了中介变量组织健康之后，自变量政府支持对企业绩效的标准化回归系数由原来的0.337降低到0.117，但是都显著。而组织健康的标准化回归系数是0.341，表明其在0.01水平上对企业绩效有显著正向影响。由此，组织健康在政府支持与企业绩效之间起部分中介作用。其中，中介效应为0.2203，政府支持对企业绩效的直接效应是0.117，总效应是0.337，因此，中介效应占总效应的比重为65.37%。部分中介作用是相对于完全中介作用来说的，它也是一种中介作用，因此H6得以证明。即组织健康在政府支持与企业绩效之间起中介作用。

5.4.4.4 有调节的中介效应模型的检验

本研究与一些学者[267]的研究类似，对有调节的中介效应模型的检验方法采用温忠麟、张雷和侯杰泰提出的办法。[268]即先检验中介效应，后检验调节效应。首先，因变量对自变量和调节变量的回归，自变量系数显著。其次，中介变量对自变量和调节变量的回归，自变量系数显著。再次，因变量对自变量、调节变量和中介变量的回归，中介变量系数显著。最后，因变量对自变量、调节变量、中介变量、调节变量与中介变量乘积的回归。

为检验 H7，即企业年龄调节了组织健康在政府支持与企业绩效之间的中介关系，我们的分层回归的步骤是：模型 11 中，企业绩效对政府支持、企业年龄的回归，结果政府支持与企业绩效显著正相关（$\beta = 0.337$，$p < 0.01$）；模型 3 中，组织健康对政府支持和企业年龄的回归，结果政府支持与组织健康显著正相关（$\beta = 0.651$，$p < 0.01$）；模型 13 中，企业绩效对政府支持、企业年龄、组织健康的回归，结果组织健康与企业绩效显著正向相关（$\beta = 0.344$，$p < 0.01$）。至此，组织健康的系数显著，说明中介效应显著。模型 15 中，企业绩效对政府支持、企业年龄、组织健康、企业年龄 × 组织健康的回归，结果企业年龄 × 组织健康的回归系数在 0.1 水平上显著（$\beta = -0.788$，$p = 0.062$，$p < 0.1$）。因此，综合四个步骤，企业年龄对组织健康在政府支持与企业绩效之间的中介关系在 0.1 水平上起负向调节作用。

为了防止差错，本研究进一步考察了企业年龄是否为有中介的调节变量，并根据温忠麟、张雷和侯杰泰提出的方法进行检验。第一步，做因变量对自变量、调节变量、自变量 × 调节变量的回归，即企业绩效对政府支持、企业年龄、政府支持 × 企业年龄的回归，结果政府支持 × 企业年龄的回归系数不显著（$\beta = -0.264$，$p > 0.1$）。这表明，企业年龄没有调节政府支持与企业绩效之间的关系。因为第一步就是这样的结果，所以无须再实施下一步的检验。因此，企业年龄作为有中介的调节变量的判断不成立。

为检验 H8 环境不确定性调节了组织健康在政府支持与企业绩效之间的中介关系，我们的分层回归的步骤是：模型 12 中，因变量对自变量和调节变量的回归，自变量系数显著。企业绩效对政府支持、环境不确定性的回归，结果政府支持与企业绩效显著正相关（$\beta = 0.312$，$p < 0.01$）。

模型 4 中，中介变量对自变量和调节变量的回归，自变量系数显著。即组织健康对政府支持和环境不确定性的回归，结果显示：政府支持与组织健康显著正相关（$\beta = 0.601$，$p < 0.01$）。

模型 14 中，因变量对自变量、调节变量和中介变量的回归，中介变量系数显著。即企业绩效对政府支持、环境不确定性、组织健康的回归，结果组织健康与企业绩效显著正向相关（$\beta = 0.329$，$p < 0.01$）。至此，组织健康的系数显著，说明中介效应显著。

模型 16 中，因变量对自变量、调节变量、中介变量和调节变量与中介变量乘积的回归。即企业绩效对政府支持、环境不确定性、组织健康、环境不确定性×组织健康的回归，结果环境不确定性×组织健康的回归系数不显著（$\beta = -0.835$，$p = 0.116$，$p > 0.1$），组织健康的回归系数显著（$\beta = 0.736$，$p < 0.01$）。综合四个步骤，环境不确定性对组织健康在政府支持与企业绩效之间的中介关系中不起调节作用。

为了防止差错，本研究进一步考察了环境不确定性是否为有中介的调节变量。第一步，做因变量对自变量、调节变量和自变量×调节变量的回归，即企业绩效对政府支持、环境不确定性、政府支持×环境不确定性的回归，结果政府支持×环境不确定性的回归系数不显著（$\beta = -0.254$，$p > 0.1$）。因为第一步就是这样的结果，所以无须再实施下一步的检验。因此，环境不确定性作为有中介的调节变量的判断不成立。

表 5-28　多元层次回归分析结果（M9 - M16）

变量	企业绩效							
模型	M9	M10	M11	M12	M13	M14	M15	M16
1. 控制变量								
行业	0.105 **	0.083 *	0.070	0.078 *	0.082 *	0.086 **	0.090 **	0.091 **
企业规模	0.189 ***	0.209 ***	0.220 ***	0.220 ***	0.198 ***	0.209 ***	0.200 ***	0.201 ***
2. 自变量								
政府支持		0.117 **	0.337 **	0.312 ***	0.113 **	0.114 **	0.116 **	0.107 *

续　表

变量	企业绩效							
模型	M9	M10	M11	M12	M13	M14	M15	M16
3. 调节变量								
企业年龄	0.551		0.002		0.028		0.719*	
环境不确定性	0.559			0.101**		0.041**		0.652*
4. 中介变量								
组织健康	1.039***	0.341***			0.344***	0.329***	0.722***	0.736***
5. 交互项								
组织健康×企业年龄	-0.599						-0.788*	
组织健康×环境不确定性	-0.718							-0.835
R^2	0.230	0.227	0.159	0.168	0.228	0.229	0.234	0.233
调整后 R^2	0.218	0.220	0.151	0.161	0.219	0.220	0.223	0.222
R^2 变动	0.012	0.007	0.008	0.007	0.009	0.009	0.011	0.011
F 统计值	18.699***	32.408***	20.777***	22.289***	25.964***	26.086***	22.345***	22.224***

备注：*、**、***分别表示在 0.1、0.05、0.01 水平上显著，表中数据是标准化回归系数

5.4.5 检验结果的汇总

用数据对提出的假设进行逐一验证后，得到的结果是：H1、H2、H5、H6、H7 都通过检验，而 H3、H4、H8 没有通过检验。汇总成如下表格。

表 5-29　假设检验结果汇总

代号	假设内容	检验结果
H1	政府支持正向显著影响企业组织健康	通过
H2	组织健康正向显著影响企业绩效	通过
H3	企业年龄负向显著调节组织健康和企业绩效之间的关系	没通过
H4	环境不确定性负向显著调节组织健康和企业绩效之间的关系	没通过

代号	假设内容	检验结果
H5	政府支持正向显著影响企业绩效	通过
H6	组织健康在政府支持与企业绩效之间起中介作用	通过
H7	企业年龄负向显著调节组织健康在政府支持与企业绩效之间的中介作用	通过
H8	环境不确定性负向显著调节组织健康在政府支持与企业绩效之间的中介作用	没通过

5.4.6 检验结果的讨论

5.4.6.1 政府支持影响企业组织健康的结果分析和讨论

制度理论是本书重要的理论基础。政府支持是中国转型期重要的制度因素。政府支持对企业组织健康有显著正向影响的假设是本研究重要的假设。从回归系数为 0.646，显著性水平为 0.000，明显小于 0.05，得出该假设检验通过。

政府支持作为研究变量，多数学者研究其对企业创新决策或创新绩效的影响，而拓展到对企业组织健康的影响的研究几乎没有。有一些文献论述了政府为什么要支持企业、在什么时候支持多、怎样的支持方式更普遍等。然而，这些论述是基于推理或者感性认识的。真正提出假设并基于调查数据进行统计分析的研究并不多见。本研究中，政府对企业的支持主要是有利的政策、技术信息、市场信息、财务支持、克服进口障碍、项目支持。而政府深入介入企业的微观管理是政府干预，不是政府支持。从组织层面提出这些政府支持有利于企业确定发展方向、提高组织抓住商业机会的能力、鼓舞企业员工，也有利于企业获得组织合法性的认可。这样，组织健康程度就会得到提高。实证中，在对变量的信度和效度分析、相关性分析基础上，进行了回归分析，并得出 H1 通过的结果。

5.4.6.2 组织健康影响企业绩效的结果分析和讨论

组织健康除了是企业的追求目标外，也是实现企业绩效的手段。其中，企业绩效主要是财务绩效、市场绩效，用与主要竞争对手相比投资回报、利润、市场份额、营利能力这几项说明目前状况的指标及过去三年内总资产增长速度、销售增长速度、利润增长速度来衡量。组织健康的回归系数为 0.416，显著性水平小于 0.05，这表明组织健康对企业绩效有显著正向影响，因此 H2 得以证明。

组织健康对企业绩效有显著正向影响的实证结果与麦克林和布拉泽顿的观点一致，同时还深化了凯勒和普拉斯关于组织健康与企业绩效因果关系的观点。企业通过组织层面有效的激励措施、伟大的愿景方向、强大的组织能力、浓厚的责任氛围等，达到高的企业绩效。然而，现实生活中却存在组织健康程度不高，但企业绩效高的现象。此外，还存在组织健康程度高，但企业绩效不高的现象。本研究关于组织健康正向显著影响企业绩效的结果对这两种现象表面上看似乎无法解释。但这可能与转型期不完善的市场环境有关。因为影响企业绩效的因素有很多，组织健康只是其中的一种因素。我们相信，在好的市场环境中，健康的企业，其绩效应该也是好的。

5.4.6.3 企业年龄影响组织健康和企业绩效之间关系的结果分析和讨论

我得出企业年龄对组织健康和企业绩效之间的正向关系没有显著负向调节作用。交互项的回归系数是 −0.599，对应的 P 值是 0.170，大于 0.05。这就是说，组织健康和企业绩效之间的正向关系不受企业年龄的影响，即组织健康和企业绩效之间的正向关系程度对各年龄段的企业没有显著差别。因此，H3 检验没有通过。

产生这种情况的可能原因是：历史悠久的企业与新建企业一样，可以通过提升组织健康程度来提高企业绩效。这正说明了企业生命体没有寿命限制，能够通过蜕变获得新生。此外，实证样本是基于中国的企业的，这些企业绝大多数都是在 20 世纪 80 年代之后才成立的，企业年龄的差异跨度不算很大。这可能也会导致企业年龄对组织健康和企业绩效之间的关系没有显著调节作用。

5.4.6.4 环境不确定性影响组织健康和企业绩效之间关系的结果分析和讨论

我得出环境不确定性对组织健康和企业绩效之间的关系没有显著负向调节作用，交互项的回归系数是 −0.718，对应的 P 值是 0.192，大于 0.05。这就是说，环境不确定性对组织健康和企业绩效的正向关系没有显著调节作用。因此，H4 检验没有通过。

这是因为环境不确定性越高，企业绩效不一定越差。环境不确定性越高，组织健康程度不一定越好。也就是说，环境不确定性对组织健康、企业绩效的影响方向本身是不确定的。此外，环境不确定性对组织健康、企业绩效的影响力度到底孰大孰小也是不确定的。这启发我们，在转型国家和成熟市场经济体国家，组织健康对企业绩效的正向影响作用可能没有特别显著的差异。

5.4.6.5 政府支持影响企业绩效的结果分析和讨论

本研究结果显示，政府支持对企业绩效有正向显著影响，回归系数为 0.337，显著性水平为 0.000，明显小于 0.05，由此得出 H5 检验通过。该研究结果与盛世斌、周政和李娟的研究结论[269]一致。孙秀丽、赵曙明和蒋春燕研究得出政府支持能通过公司创业的部分中介作用而促进企业绩效。[270]

与这些学者们的研究相比，本研究进一步发现，政府支持除了直接影响企业绩效外，还会通过组织健康这个中介变量影响企业绩效。实证研究发现，增加了中介变量组织健康之后，自变量政府支持对企业绩效的标准化回归系数由 0.337 降低到 0.117，但政府支持的回归系数都是显著。而组织健康的标准化回归系数是 0.341，即在 0.01 水平上对企业绩效有显著正向影响。由此，组织健康在政府支持与企业绩效之间起部分中介作用。进一步计算得出，中介效应占总效应的比重为 65.37%。因此，H6 检验通过。

5.4.6.6 企业年龄调节组织健康的中介作用的结果分析和讨论

本书得出企业年龄对组织健康在政府支持与企业绩效之间的中介关系在 0.01 水平上起负向调节作用。这也就是说，H7 检验通过。企业年龄越小，组织健康在政府支持与企业绩效之间的中介作用越强；企业年龄越大，组织健康在政府支持与企业绩效之间的中介作用越弱。这说明企业年龄与组织健康发生交互作用，共同影响企业绩效。在这个交互作用过程中，较低的企业年龄意味着政府支持更多地依赖组织健康作用于企业绩效。对于年龄较大的企业，甚至老化的企业，政府支持对企业绩效通过组织健康作用的间接影响效应会更小。因此，在国家强调支持新创企业的政策背景下，政府支持对企业绩效的作用效果更多地取决于新创企业本身的组织健康情况。

5.4.6.7 环境不确定性调节组织健康的中介作用的结果分析和讨论

在控制行业、企业规模变量条件下，本研究经多层回归检验，并没有发现环境不确定性具有调节组织健康在政府支持与企业绩效之间关系的中介作用，即 H8 检验没有通过。这说明，在当前环境不确定性较高的条件下，组织健康对政府支持与企业绩效之间的关系的中介作用并没有降低。这就突显了组织健康的重要性。因此，在当前转型期，为了促进企业绩效，在强调政府对企业的支持的同时，还需要强调企业自身组织的健康建设。

5.5 本章小结

本章介绍了调查获得的数据分析与结果。首先对预测试样本进行了分析，之后对组织局内人视角和组织局外人视角收集的正式数据进行了描述性统计分析、探索性因子分析、验证性因子分析，并检验了组织局内人视角和组织局外人视角组织健康问卷量表的信度和效度。在实证中国企业组织健康模型时，说明了数据来源、样本基本情况、有关变量的信度和效度，并对变量进行了相关分析、回归分析。结果证明：政府支持对组织健康有正向显著作用，组织健康对企业绩效有正向显著作用，政府支持对企业绩效有正向显著作用，组织健康在政府支持与企业绩效的关系中起中介作用，企业年龄负向显著调节组织健康的中介作用。而企业年龄对组织健康和企业绩效之间的关系没有显著调节作用，环境不确定性对组织健康和企业绩效之间的关系没有显著调节作用，环境不确定性没有显著的调节组织健康的中介作用。

6 研究结论、措施建议与研究展望

改革开放以来，中国企业为经济建设做出了不可磨灭的贡献。因此中国转型期企业组织健康的理论与实证是重要的研究课题。本章说明了本书的主要发现，提出了措施建议，并展望了研究的前景。

6.1 主要结论

本书比较系统地构建了企业组织健康的理论并对其进行了实证，综合应用了文献阅读法、访谈法、问卷调查方法、统计分析方法，得出的主要结论有以下几条。

第一，企业组织健康程度的变化受其外部环境影响，也受组织健康初始状况制约。企业得到较多的政府支持和面临较高的环境不确定性是中国转型期的环境特征。中国转型期企业存在的组织健康典型症状有：有效的组织激励有待落实、组织内部协调沟通有待加强、组织内部合作有待促进、组织结构有待完善、组织效率有待提升、企业精神有待塑造和落实、组织作风有待改进、管理混乱问题有待克服。

第二，组织健康是动态的，企业在创业期和衰退期最容易出现各种健康问题。企业改进自身的组织健康可以从愿景方向、责任氛围、激励动力、协调能力、企业精神、组织作风、组织能力、组织外向行为、组织制度结构等健康因素方面进行。在现有文献的基础上，并结合访谈，本研究从组织局内人角度（员工评价）和组织局外人角度（第三方评价）阐述了组织健康关键因素。组织局内人角度组织健康因素包括愿景方向、责任氛围、激励动力、协调能力。组织局外人角度组织健康因素包括企业精神、组织作风、组织能力、组织外向行为、组织制度结构。在建立组织健康测量题项库、预测试之后，进行了多次调研，对数据进行了探索性因子分析和验证性因子分析。最终确定组织局内人角度组织健康量表由 19 个题项构成，组织局外人角度组织健康量表由 31 个题项构成。经实证，这两套组织健康量表都具有较好的信度和效度。因此，企业进行健康"体检"时可以应用这两套量表。

第三，企业组织健康程度分为：高级（非常健康）、中级（健康）、初级（基本健康）、一般（亚健康）、较差（轻度病态）、差（病态）、危机（重度病态）。其中，高级、中级、初级都属于健康；较差、差和危机都属于不健康。当前，中国健康的企业多数处于初级或者中级，没有达到高级。因此企业改进自身的组织健康可以在现状基础上，更上一层楼。例如，从病态到轻度病态，从基本健康到健康，从健康到非常健康，等等。

组织健康是一个客观的状态。它可以从员工、除员工之外的利益相关者、专家、客观测量等不同视角进行测量。同时，组织健康又是主观的评价，评价者带有一定的价值取向。

在中国转型期，组织健康的标准可以定得比发达的市场经济国家的企业组织健康的标准略低。因为从定性分析上得出，守住"底线"（即不违法）、营利存活是中国转型期健康的企业组织的必要条件。

第四，政府支持是中国转型期企业的典型外部环境特征，可以促进企业组织健康。我提出政府支持正向显著影响企业组织健康的假设。对调查数据进行统计分析之后，证明了政府支持确实正向显著影响企业组织健康。

第五，组织健康是提升企业绩效的重要途径。我假设组织健康显著正向影响企业绩效。对调查数据进行统计分析之后，在不考虑其他变量条件下，证明了组织健康在 0.01 水平上显著正向影响企业绩效，对企业绩效的解释力达到 41.6%。

第六，不管新老企业，组织健康都能促进企业绩效。我假设企业年龄对组织健康和企业绩效之间的关系有负向调节作用。通过实证发现，企业年龄对组织健康和企业绩效之间的关系没有调节作用。

第七，不管企业所处的环境不确定性是高还是低，组织健康都能促进企业绩效。本书假设环境不确定性对组织健康和企业绩效之间的关系有负向调节作用。对调查数据进行统计分析之后，结果显示环境不确定性对组织健康和企业绩效之间的关系没有调节作用。

第八，政府支持促进企业绩效，部分源于组织健康的中介作用。我假设政府支持正向显著影响企业绩效。对调查数据进行统计分析之后，结果证明政府支持确实正向显著影响企业绩效。经假设检验，我证明组织健康在政府支持与企业绩效之间起部分中介作用。进一步计算得出，中介效应占总效应的比重为 65.37%。

第九，企业年龄调节组织健康的中介作用。我假设企业年龄负向显著调节组织健康在政府支持与企业绩效之间的中介作用。检验结果是：企业年龄对组织健康在政府支持与企业绩效之间的中介关系在 0.1 水平上起负向调节作用。企业年龄越大，组织健康的中介作用越小；企业年龄越小，组织健康的中介作用越大。

第十，环境不确定性调节组织健康的中介作用。我假设环境不确定性负向显著调节组织健康在政府支持与企业绩效之间的中介作用。检验结果是：环境不确定性对组织健康在政府支持与企业绩效之间的中介关系没有调节作用。

6.2 措施建议

组织健康是企业竞争制胜的前提，是企业本质竞争力的核心内容，是影响企业绩效的重要因素。中国转型期企业组织健康与个人、组织、社会环境都有关。组织健康程度的提升是一个系统工程，需要道德文化、规则纪律、制度法律的综合推进。[271]因此，我们要从三个主体（个人、组织、社会）和三重内容（道德文化、规则纪律、制度法律）进行建设，以实现健康的企业。

道德文化是人们行为和意识上是非善恶的规范和准则。道德文化建设强调个体以德修身、组织以德服人、社会以德立威。

个人包括领导团体和普通员工。领导团体是执行企业组织健康管理的主体。伦理型领导能促进组织的健康。[272]因此领导者要加强自身的道德修养。有道德的领导应该是具有真诚、善良、仁爱、虚心、正直、光明、诚信、廉洁、平等、公正、勇于创新、敢于担当、率先示范、关心他人、内心有良知等品德的人。不道德的领导往往自私、冷漠、险恶、自欺、虚伪、盛气凌人、损公肥私。普通员工是能感受到企业的组织健康状况的主体。因此普通员工要做有道德文化的人。有道德的员工是向善的、诚信的、互助的、合作的。不道德的员工往往损人利己、好逸恶劳、爱好背后说人坏话等。

组织进行道德文化建设首先要确定企业的核心价值观。价值观是企业文化建设的根本，它明确了员工该如何行动。企业的价值观有核心价值观、基本价值观等。企业需要用独特的、最具描述性的两三个词语确定组织的核心价值观。这些不随时间改变的核心价值观是企业必须捍卫的。同时，企业要抵制一切违反核心价值观的行为。有道德的企业往往诚实守信、遵守契约、表里如一。不道德的企业往往在生产中使用伪劣原材料、在交易中进行欺诈、对利益相关者提供虚假的财务数字等。其次，企业组织还要有组织愿景和发展方向，并在成员之间达成共识。再次，企业要形成领导密切联系群众、员工不媚权力、说行一致、求真务实等的作风。最后，营造组织成员敢于说话、敢于承担责任、容忍一定程度上犯错的组织文化。

"近朱者赤，近墨者黑"，社会环境能影响其中的每一个个体、组织。中国转型期社会存在浮躁、功利、走捷径、讲排场的风气。因此社会要形成激励人向上向善的道德文化，要摒弃"一切向钱看"的观念，要抵制浪费资源的行为，要广泛宣传和执行社会主义核心价值体系。

规则纪律是约束成员言行的约定俗成的指令。个人、组织违反规则纪律要受到处罚。例如，个人职位、职级、待遇、薪酬的降低，个人、组织资格、荣誉的撤销，个人、组织发展良机的丧失等。

个人的规则纪律是个人在劳动中有关工作时间、执行产品标准等一切内容的行为准则。职业纪律包括时间纪律、劳动纪律、外事纪律、组织纪律等。领导团体的规则纪律主要指权力要在规则的框架内运作。领导者使用权力时要做到：不要下属服务于自己的个人利益，而要下属服务于整个企业组织的目标。

组织的规则纪律主要是遵守行业的规范、社会的显性规则、设立企业组织内部的规则等。即企业要进行公平竞争，不进行恶意竞争；企业要提升产品和服务的质量，而不能满足于最低标准质量；企业要保护、尊重知识产权。在中国，虽然存在一些讲人情、讲关系等潜规则，但是潜规则意味着偏离正式的、显性的规则。因此企业要建立清白而亲近的官商关系，不从事权钱交易。此外，企业要执行所设立的组织规则。

社会的规则纪律主要包括规范企业经营的规则、保护消费者的规则、保护产权的规则、建立社会信用规则、保护环境的规则等。此外，社会还要设立不能政策多变、不能今朝不理前朝事等规则。

制度包括法律、法规、体制、建制、政策、政令等具体形态，具有强制性、权威性、制定性等特征。[273]其中法律是国家机关规范全体公民的日常行为的制度。人们的行为分成符合制度法律的行为（非恶）和违反制度法律的行为（恶）。做了制度规定不准做的事（例如行贿）和没做制度规定要做的事（例如依法纳税）都是违反制度的行为。个人、组织违反制度法律的后果是财产被没收、名声败坏、自由丧失、生命失去等。

个人要遵守制度法律，首先要心中有法，敬畏、尊崇法律。其次要了解相关的法律。学习法律的途径有参加法律培训、自学法律知识等。此外，个体要用法律捍卫自己的权益。领导团体要带头学习法律、模范遵守法律、依法进行决策。

组织要遵守制度法律，首先从企业成立开始就要合法、有效。其次，在经营过程中要遵守法律。企业守法经营意味着不非法牟利、不从事非法业务、不进行非法活动、不使用非法手段等。最后，企业必须依法履约、依法纳税、依法保护环境。

转型期社会要完善法治体系，立法要体现科学性和民主性。与企业经营行为紧密相关的法律主要有环境保护法、投资法、劳动合同法、消费者权益保护法、专利法、商标法、竞争法等，以及公司法、合同法、破产法、银行法、税法、会计法等。除了立法，社会更应该向个体、组织普及法律，要营造人们普遍敬畏、认同和尊崇法律的氛围。

社会遵守制度法律就是全民守法，它包括政府守法。当前我国社会存在以权压法（例如利用审批权索贿）、徇私枉法、有法不依（例如打假中不作为、装糊涂）等现象。政府不能有法不依，执法不严。政府应该依法立法、依法行政、依法办事，从而为企业提供基本的公共秩序，例如，保障财产的安全、公平地竞争。地方政府不能对企业进行"负激励"，即对本土大企业的违规、违法行为睁一只眼、闭一只眼，甚至怂恿。[274]只有政府守法，人们才会信仰法律。

总之，在中国转型期，个人、组织、社会三种主体在道德文化、规则纪律、制度法律三个方面都要综合推进，以促进我国企业的组织健康。

6.3 研究展望

由于各种原因，本书还有很多局限性和不足，有待后续研究。

第一，企业组织健康是一个新兴的构念，本书试图全面阐述企业组织健康的概念，并实证企业组织健康的因素。然而，在区块链等新技术的影响下，企业的内涵和企业边界发生变化。随着企业概念的变化，企业组织健康的概念还需要进一步挖掘。

第二，本书中的企业样本数据主要来自中国长三角区域。在研究过程中，花费了大量时间设计调查问卷，开展了多轮调查活动，并录入数据、分析数据。即使如此，也由于人脉资源有限、财力有限，以及样本不是来自全国各个省市等原因，使样本数据的区域分布还不够广泛。未来研究需要增加中西部区域企业样本，并以此来检验本研究结论的适用性。

第三，本书只选用了政府支持作为企业外部环境变量，而实际上影响企业组织健康的环境变量有很多，例如产权保护、国家文化。未来对企业组织健康的研究可以考虑更多其他企业外部环境变量。

第四，本书对企业内部条件中影响企业组织健康的变量虽然有考虑，但是没有构建到组织健康的模型中。未来对企业组织健康的研究可以考虑更多企业内部条件变量，例如所有权结构、组织公正等。

参考文献

[1] Bennis W G. Towards a truly scientific management—The concept of organizational health[J]. Industrial Management Review,1962,4(1):1-27.

[2] 兰西奥尼. 优势[M]. 高采平译. 北京:电子工业出版社,2013.

[3] 凯勒,普拉斯. 超越绩效[M]. 盛溢,译. 北京:机械工业出版社,2012.

[4] 潘孝富、程正方,学校组织健康与学生心理健康的相关性研究[J]. 心理发展与教育,2001(2):59-64.

[5] 李大元,项保华,陈应龙. 企业动态能力及其功效:环境不确定性的影响[J]. 南开管理评论,2009,12(6):60-68.

[6] 袁旭梅,张旭,张志军. 信息共享意愿、技术能力与共享水平:环境不确定性的影响[J]. 企业经济,2014(6):58-62.

[7] 吴爱华,苏敬勤,杜小军. 专用性投资、知识及环境对合作创新决策的影响[J]. 管理学报,2014,11(4):569-576.

[8] 黄亮,高管团队支持对中小民营企业战略执行绩效的影响:环境不确定性的调节作用[J]. 软科学,2012,26(5):91-99.

[9] Bieliński T. Development of human capital and governmental support as strategic advantages of Chinese high technology companies[J]. Research Papers of the Wroclaw University of Economics,2014(370):326-341.

[10] 杨东涛,苏中锋,褚庆鑫. 创业企业创新成长的政商环境影响机理研究[J]. 科技进步与对策,2014(15):84-88.

[11] 旷锦云,企业生命力探索[M]. 北京:社会科学文献出版社,2012:2.

[12] Cocchiara F K. ,Quick J C. The negative effects of positive stereotypes:ethnicity-related stressors and implications on organizational health[J]. Journal of Organizational Behavior,2004,25(6):781-785.

[13] Judge W Q. ,Naoumova I. ,Douglas T. Organizational capacity for change and

firm performance in a transition economy[J]. The International Journal of Human Resource Management,2009,20(8):1737-1752.

[14]Gittell J H. ,Seidner R. ,Wimbush J. A relational model of how high-performance work systems work[J]. Organization Science, 2010(21): 490-506.

[15]Green C. The organizational power matrix[J]. Journal of Integral Theory and Practice,2013,8(1):87-105.

[16]Fonseka M M,Tian G L. Impact of financial capability on firms' competitiveness and sustainability[J]. Chinese Management Studies, 2014,8(4):593-623.

[17]Wang G G,Lamond D, Worm V. It's the context all the way down[J]. Journal of Chinese Human Resource Management,2015,6(1):2-13.

[18]Ragland C B,Brouthers L E,and Widmier S M. Institutional theory and international market selection for direct selling[J]. Marketing Intelligence & Planning, 2015,33(4): 538-555.

[19]Berger R,Herstein R. The evolution of Chinese business ethics[J]. Management Research Review,2014,37(9):778-790.

[20]Scott W R. The adolescence of institutional theory[J]. Administrative Science Quarterly, 1987,32(4):493-511.

[21]DiMaggio P J,Powell W W. The iron cage revisited:Institutional isomorphism and collective rationality in organizational field[J]. American Sociological Review,1983, 48(8):147-160.

[22]Ingram P,Karen C. The choice within-constraints new institutionalism and implications for sociology[J]. Annual Review of Sociology,2000(26):525-546.

[23]宋铁波,陈国庆. 企业跨区域扩张动机与进入方式选择[J]. 学术研究, 2010(10):55-62.

[24]Gutiérrez-Rincón V. Beyond the internal dynamics of organizational responses to conflicting institutional demands [J]. Estudios Gerenciales, 2014 (30): 376-383.

[25]田志龙,张泳,Hafsi T. 中国电力行业的演变:基于制度理论的分析[J]. 管理世界,2002(12):69-76.

[26]Covaleski M A,Dirsmith M W. An institutional perspective on the rise, social

transformation, and fall of a university budget category[J]. Administrative Science Quarterly,1988,33(4):562-587.

[27]Dowling J,Pfeffer J. Organizational legitimacy: Social values and organizational behavior[J]. Pacific Sociological Review,1975,18(1):122-136.

[28]Suchman M C. Managing legitimacy: strategic and institutional approaches[J]. Aca-demy of Management Review, 1995,20(3):571-610.

[29]魏泽龙,谷盟. 转型情景下企业合法性与绿色绩效的关系研究[J]. 管理评论,2015,27(4):76-84.

[30]苏素华,杨立华,邢书河,等. 以制度理论探讨资源型企业的发展战略[J]. 亚太经济,2012(2):102-105.

[31]乐琦. 并购合法性与并购绩效:基于制度理论视角的模型[J]. 软科学,2012,26(4):118-122.

[32]Nijssen M,Paauwe J. HRM in turbulent times: how to achieve organizational agility? [J]. The International Journal of Human Resource Management,2012,23(16): 3315-3335.

[33]Meyer J W,Rowan B. Institutionalized organizations: Formal structure as myth and ceremony[J]. American Journal of sociology,1977,83(2):340-363.

[34]Oliver C. Strategic responses to institutional processes[J]. Academy of Manageme-nt Review,1991,16(1):145-179.

[35]Goodstein J. Institutional pressures and strategic responsiveness: Employer involvement in work-family issues[J]. Academy of Management Review, 1994, 37(2):350-382.

[36]Boon C,Paauwe J,Boselie J P P E F,et al. Institutional pressures and HRM: Developing institutional fit[J]. Personnel Review, 2009,38(5):492-509.

[37]Peng M W, Heath P S. The growth of the firm in planned economics in transition: institutions, organizations, and strategic choice[J]. Academy of Management Review,1996,21(2):492-528.

[38]吴小节,彭韵妍,汪秀琼. 制度理论在国内战略管理学中的应用现状评估[J]. 经济管理,2015,37(10):188-199.

[39]Peng M W,Wang D Y,Jiang Y. An institution-based view of international busi-

ness strategy: a focus on emerging economies[J]. Journal of International Business Studies,2008(39):920-936.

[40]Peng M W. Towards an institution-based view of business strategy[J]. Asia Pacific Journal of Management,2002(19):251-267.

[41]Wang X. What drives Chinese private colleges' internationalization[J]. African Journal of Business Management,2014,8(16):671-680.

[42]邹国庆,王京伦.转型经济体的制度情境及企业战略选择[J].社会科学战线,2015(10):66-73.

[43]宋铁波,张建彬.转型期地方性国企战略选择的多视角解释[J].学术研究,2014(1):79-84.

[44]Hoskisson R,Eden,Lan C-M,et al. Strategy in emerging economies[J]. Academy of Management Journal,2000(43):249-267.

[45]Teece D J,Pisano G,Shuen A. Dynamic capabilities and strategic management [J]. S-trategic Management Journal,1997,18(7):509-533.

[46]Phipps S T A,Prieto L C,Verma S. Holding the helm:Exploring the influence of transformational leadership on group creativity,and the moderating role of organizational learning culture[J]. Journal of Organizational Culture,Communications and Conflict,2012,16(2):145-156.

[47]Eisenhardt K M,Martin J A. Dynamic capabilities:What are they[J]. Strategic Management Journal,2000, 21(10):1105-1121.

[48]Al-Aali A,Teece D J. international entrepreneurship and the theory of the (long-lived) international firm:A capabilities perspective[J]. Entrepreneurship: Theory&Practice, 2014(1):95-116.

[49]Feiler P,Teece D. Case study, dynamic capabilities and upstream strategy: supermajor EXP[J]. Energy Strategy Reviews,2014(3):14-20.

[50]Teece D J. Explicating dynamic capabilities: The nature and microfoundations of (sustainable) enterprise performance[J]. trategic management Journal, 2007, 28(13): 1319-1350.

[51]江积海,刘敏.动态能力重构及其与竞争优势关系实证研究[J].科研管理,2014,35(8):75-82.

[52]Winter S G. The satisfying principle in capability learning[J]. Strategic Management Journal,2000,21(3):981-996.

[53]Wang C L,Ahmed P K. Dynamic capabilities:Are view and research agenda [J]. International Journal of Management Review,2007,9(1):31-51.

[54]祝志明,杨乃定,Catherine S L R,等.动态能力理论:源起、评述与研究展望 [J].科学学与科学技术管理,2008,(9):128-135.

[55]Ali S,Peters L D,Lettice F. An organizational learning perspective on conceptualizing dynamic and substantive capabilities[J]. Journal of Strategic Marketing,2012,20(7):589-607.

[56]吴航.动态能力视角下企业创新绩效提升机制研究:以战略导向为调节 [J].中国地质大学学报(社会科学版),2015,15(1):132-139.

[57]唐孝文,刘敦虎,肖进.动态能力视角下的战略转型过程机理研究[J].科研管理,2015,36(1):90-96.

[58]Makkonen H,Pohjola M,Olkkonen R,et al. Dynamic capabilities and firm performance in a financial crisis[J]. Journal of Business Research,2014,1(67):2707-2719.

[59]Ambrosini V,Bowman C,Collier N. Dynamic capabilities:an exploration of how firms renew their resource base[J]. British Journal of Management, 2009(20):S9-S24.

[60]Wang G,Dou W,Zhu W. et al. The effects of firm capabilities on external collaboration and performance:The moderating role of market turbulence[J]. Journal of Business Research,2015,68(9):1928-1936.

[61]马鸿佳,董保宝,葛宝山.创业能力、动态能力与企业竞争优势的关系研究 [J].科学学研究,2014,32(3):431-440.

[62]张韬.基于吸收能力的创新能力与竞争优势关系研究[J].科学学研究, 2009(3):446-451.

[63]Verona G,Ravasi D. Unbundling dynamic capabilities:An exploratory study of continuous product innovation[J]. Industrial and Corporate Change,2003,12(3):577-606.

[64]Teece D J. The foundations of enterprise performance:Dynamic and ordinary

capabilities in an（economic）theory of firms［J］. Academy of Management Perspectives,2014,4(28):328-352.

［65］郝晓明,郝生跃.组织情境因素对企业动态能力形成的影响效应［J］.经济经纬,2014,31(2):108-113.

［66］陈志军,徐鹏,唐贵瑶.企业动态能力的形成机制与影响研究［J］.软科学,2015,29(5):59-63.

［67］Drnevich P L,Kriauciunas A P. Clarifying the conditions and limits of the contributions of ordinary and dynamic capabilities to relative firm performance［J］. Strategic Management Journal,2011,32(3):254-279.

［68］王建军,昝冬平.动态能力、危机管理与企业竞争优势关系研究［J］.科研管理,2015,36(7):79-85.

［69］Day G S. Closing the marketing capabilities gap［J］. Journal of Marketing,2011,75(7):183-195.

［70］Cepeda G,Vera D. Dynamic capabilities and operational capabilities：Acknowledge management perspective［J］. Journal of Business Research,2007,60(5):426-437.

［71］李翔,陈继祥,张春辉.组织学习、动态能力与创新模式选择［J］.科技管理研究,2014(10):82-86.

［72］Freeman R E. The politics of stakeholder theory：Some future directions［J］. Business Ethics Quarterly,1994,4(4):409-421.

［73］甘昌盛,顾晓敏.企业的环境利益相关者研究［J］.中国人口·资源与环境,2012,22(11):270-274.

［74］Clarkson M. A stakeholder framework for analyzing and evaluating corporate social performance［J］. Academy of Management Review,1995,20(1):92-117.

［75］陈宏辉,贾生华.企业利益相关者三维分类的实证分析［J］.经济研究,2004(4):81-85.

［76］Mitchell A,Wood D. Toward a theory of stakeholder identification and salience：Defining the principle of whom and what really counts［J］. Academy of Management Review,1997,22(4):853-886.

［77］Kassinis G, Vafeas N. Stakeholder pressures and environmental performance

[J]. Academy of Management Journal,2006,49(1):145-159.

[78]赵修春.企业的利益相关者理论及其对国有企业改革的借鉴意义[J].经济体制改革,2007(5):53-57.

[79]蔡维灿,李春瑜.基于相关者利益最大化的企业财务战略[J].经济管理,2012,34(7):135-143.

[80]Jones T M. Instrumental stakeholder theory:A synthesis of ethics and economics [J]. Academy of Management Review,1995,20(2):404-437.

[81]Frooman J. Stakeholder influence strategies[J]. Academy of Management Review, 1999,24(2): 191-205.

[82] Priego A M, Lizano M M, Madrid E M. Business failure:incidence of stakeholders' behavior [J]. Academia Revista Latinoamericana de Administración,2014,27(1):75-91.

[83]胡建锋.基于利益相关者理论的我国非营利组织治理机制的构建[J].湖北社会科学,2012(4):39-42.

[84]陈宏辉,贾生华.利益相关者理论与企业伦理管理的新发展[J].社会科学,2002(6):53-57.

[85]龚天平.利益相关者理论的经济伦理意蕴[J].上海财经大学学报,2011,13(6):19-25.

[86]苏冬蔚,贺星星.社会责任与企业效率:基于新制度经济学的理论与经验分析[J].世界经济,2011(9):138-159.

[87]Djip V. Entrepreneurship and SME development in post-conflict societies[J]. Jour-nal of Entrepreneurship and Public Policy,2014,3(2):254-274.

[88]Chen Z,Cao Y. Chinese private corporate philanthropy:Social responsibility, legitimacy strategy,and the role of political capital[J]. Chinese Sociological Review,2016,48(2):108-136.

[89]褚敏,靳涛.为什么中国产业结构升级步履迟缓[J].财贸经济,2013(3):112-122.

[90]杨文伟.转型期中国社会阶层固化探究[D].中共中央党校,2014.

[91]Xu A.,Xia Y.,The changes in Mainland Chinese families during the social transition:A critical analysis[J]. Journal of Comparative Family Studies,2014,

XLV(1):31-53.

[92]陈小强.中国转型期网络信息不确定性现象的社会学研究[D].中共中央党校,2015.

[93]高娜.社会转型期公众对企业道德状况的评判[J].东南大学学报(哲学社会科学版),2015,17(3):16-21.

[94]张田,孙涛.转型中国的政企关系:多学科视角分析[J].经济与管理研究,2015,36(4):24-30.

[95]张前程.转型期中国投资行为的理论与实证研究[D].南开大学,2014.

[96]夏学銮.转型期的社会心理失衡与调适[J].中国党政干部论坛,2015(5):16-19.

[97]栗治强,王毅杰.转型期中国民众公平感的影响因素分析[J].学术论坛,2014(8):99-106.

[98]曾建平,邹平林.社会转型时期的诚信与道德建设[J].道德与文明,2013(5):113-117.

[99]刘永高.社会转型期政府信用缺失的制度分析[J].科学社会主义,2013(2):63-66.

[100]吴忠民.中国转型期腐败问题的主要特征分析[J].教学与研究,2014,(6):5-14.

[101]樊良树.环境维权"中国式困境"的解决路径研究[J].社会科学辑刊,2015(5):50-53.

[102]冯卓.经济转型期我国环境治理的思考[J].宏观经济管理,2016(1):67-69.

[103]李连济,王云.中国转型期的产能过剩问题研究[J].经济问题,2012(12):29-32.

[104]吴晶妹,薛凡.社会转型期我国商务诚信的缺失及其规范[J].求索,2015(4):76-79.

[105]Gupta P K, Gupta S. Corporate frauds in India-perceptions and emerging issues[J]. Journal of Financial Crime, 2015,22(1):79-103.

[106]郑丹辉,李孔岳.合法性视角下的民营企业绩效、政治关联与社会责任[J].商业研究,2015(10):110-117.

[107]张俊,钟春平.政企合谋与环境污染——来自中国省级面板数据的经验
证据[J].华中科技大学学报(社会科学版),2014,28(4):89-97.

[108]韩跃民.转型期我国生态利益矛盾及协调机制探究[J].社会科学战线,
2015(9):205-212.

[109]宋海春,张桂英.社会转型期改革共识的法治意蕴[J].东北师范大学学
报(哲学社会科学版),2014(2):32-36.

[110]吕风勇.市场抑制、体制改革与市场决定性作用[J].经济体制改革,2014
(4):15-19.

[111]龙硕,胡军.政企合谋视角下的环境污染:理论与实证研究[J].财经研
究,2014,40(10):131-144.

[112]郭志仪,郑周胜.财政分权、晋升激励与环境污染:基于1997—2010年省
级面板数据分析[J].西南民族大学学报(人文社会科学版),2013(3):
103-107.

[113]邵传林.体制转轨背景下的政企关系、腐败与治理[J].上海财经大学学
报,2016,18(1):64-74.

[114]Faccio M,Masulis R W,McConnell J J. Political connections and corporate
bailouts [J]. Journal of Finance,2006,61(6):2597-2635.

[115]董明.转型期中国的"政治经济学"与民营企业政治行为[J].学习与探
索,2012(2):54-58.

[116]胡湛湛.转型期中国制度环境与纵向整合企业控制及绩效的作用机制研
究[D].广州:华南理工大学,2013.

[117]李健,陈传明.企业家政治关联、所有制与企业债务期限结构[J].金融研
究,2013(3):157-169.

[118]Brannon L,Feist J. Health psychology:An introduction to behavior and health
[M].5th edition,United States of America:Thomson Wadsworth,2004:9.

[119]乌云特娜.七十三.精神健康是心理健康教育的核心价值追求[J].华东
师范大学学报(教育科学版),2015(2):77-81.

[120]Ryff C D,Singer B. The contours of positive human health[J]. Psychological
Inquiry,1998(9):1-28.

[121]Sivapragasam P,Raya R P. Organizational health:Knowledge based sectoral

employees[J]. SCMS Journal of Indian Management,2013,10(4):55-62.

[122]任丑. 身体伦理的基本问题——健康、疾病与伦理的关系[J]. 世界哲学,
2014(3):149-159.

[123]顾大男,曾毅. 中国高龄老人健康预期寿命研究[J]. 人口与经济,2002
(2):9-15.

[124]顾大男. 中国高龄老人最健康和最不健康群体特征分析[J]. 市场与人口
分析,2003,9(1):1-10

[125]Boorse C. Health as a theoretical concept[J],Philosophy of Science,1977,44
(4):542-573.

[126]顾大男. 老年人健康变动趋势和预测方法国际研究动态[J]. 中国人口科
学,2005,(3):81-86.

[127]顾大男,柳玉芝,章颖新,等. 生物标记与中国老年人口健康长寿的关系
研究[J]. 中国人口科学,2008(4):37-43.

[128]顾大男. 旅游和健身锻炼与健康长寿关系的定量研究[J]. 人口学刊,
2007(3):41-46.

[129]顾大男. 婚姻对中国高龄老人健康长寿影响的性别差异分析[J]. 中国人
口科学,2003(3):32-40.

[130]顾大男,曾毅,柳玉芝. 健康预期寿命计算方法述评[J]. 市场与人口分
析,2001,7(4):9-17.

[131]Zwetsloot G,Pot F. The business value of health management[J]. Journal of
Business Ethics,2004(55):115-124.

[132]Hoy W K,Feldman J A. Organizational health:the concept and its measure
[J]. Journal of Research and Development in Education,1987,20(4):
30-37.

[133]Tsui K T,Cheng Y C. School organizational health and teacher commitment:A
contingency study with multi-level analysis[J]. Educational Research and
Evaluation,1999, 5(3):249-268.

[134]Lyden J A,Klingele W E. Supervising organizational health[J]. Supervision,
2000,61(12):3-6.

[135]Licata J W. ,Harper G W. Organizational health and robust school vision[J].

Educational Administration Quarterly,2001,37(1):5-26.

[136] Hoy W K,Ferguson J. A theoretical framework and exploration of organizational effectiveness in schools[J]. Educational Administration Quarterly, 1985 (21):117-134.

[137] Miles M B. 40 years of change in schools:Some personal reflections[J]. Educational Administration Quarterly,1993,29(2):213-248.

[138] Hoy W K,Hannum J W. Middle school climate:An empirical assessment of organizational health and student achievement[J]. Educational Administration Quarterly,1997,33(3):290-311.

[139] Gumbus A,Belthouse D E,Lyons B. A three year journey to organizational and financial health using the balanced scorecard:A case study at a Yale New Haven Health System Hospital[J]. Journal of Business & Economic Studies, 2003,9(2):54-64.

[140] Xenidis Y,Theocharous K. Organizational health:Definition and assessment [J]. Procedia Engineering,2014(85):562-570.

[141] Lowry C B,Hanges P J. What is the healthy organization? Organizational climate and diversity assessment:A research partnership[J]. Libraries and the Academy,2008, 8(1):1-5.

[142] 贺爱忠,聂元昆,彭星闾. 企业持续健康成长的一般规律:创新力和控制力的动态统一[J]. 东南大学学报(哲学社会科学版),2006,8(6):37-44.

[143] Biswas U N,Biswas S N. Organizational health, stress & commitment during global financial crisis[J]. The Indian Journal of Industrial Relations,2010,46 (1):112-125.

[144] Shoaf C,Genaidy A,Karwowski W,et al. Improving performance and quality of working life:A model for organizational health assessment in emerging enterprises[J]. Human Factors and Ergonomics in Manufacturing,2004,14(1): 81-95.

[145] 王兴琼,陈维政. 组织健康:概念、特征及维度[J]. 心理科学进展,2008, 16(2):321-327.

[146] Quick J C,Macik-Frey M,Cooper C L. Managerial dimensions of organization-

al health：The healthy leader at work［J］. Journal of Management Studies，2007，44(2)：189-205.

[147]赵湘莲，韩玉启. 高科技企业健康度评价研究[J]. 运筹与管理，2004，13(4)：131-135.

[148]刘中文. 论企业组织健康诊断[J]. 商业研究，2001(11)：156-158.

[149]Vermeulen F，Puranam P，Gulati R. Change for change's sake［J］. Harvard Business Review，2010，88(6)：71-76.

[150]杨震宁，王以华. 基于免疫的组织健康捍卫机制建构：一个案例[J]. 南开管理评论，2008，12(5)：102-112.

[151]王兴琼. 企业组织健康的维度验证与程度计量[J]. 南开管理评论，2009，12(3)，135-141.

[152]孟宪忠，王汇群. 企业范式、企业健康与企业系统竞争力——我们的企业观[J]. 经济纵横，2003(7)：35-39.

[153]许晓明，戴建华. 企业基因的顺反子系统模型及其在企业蜕变中的应用[J]. 浙江大学学报(人文社会科学版)，2008，38(4)：117-127.

[154]张晓玲，王文平，陈森发，等. 基于元胞自动机的知识型企业生命体健康演化模拟[J]. 系统管理学报，2007，16(1)：46-51.

[155]王鑫. 组织健康、战略执行力与企业竞争优势关系研究［D］. 天津大学，2013.

[156]Miller R L，Griffin M A，Hart P M. Personality and organizational health：the role of conscientiousness［J］. Work & Stress，1999，13(1)：7-19.

[157]Lindberg P，Vingård E. Indicators of healthy work environments-a systematic review［J］. Work，2012，41：3032-3038.

[158]吴晓波，袁岳，冯曦. 2012 中国企业健康指数报告［M］. 杭州：浙江大学出版社，2012.

[159]吴晓波，陈学军. 2015 中国企业健康指数报告［M］. 杭州：浙江大学出版社，2015.

[160]傅为忠，刘彦华，金韬. 创新型企业健康度评价模型研究[J]. 科技与经济，2012(5)：31-35.

[161]时勘，周海明，朱厚强，等. 健康型组织的评价模型构建及研究展望[J].

科研管理,37(4):630-635.

[162]王兴琼.组织健康类型的实证及其对中国企业的启示[J].科学学与科学技术管理,2009(11):164-170.

[163]杨东雄.成败之道:20位哈佛教授的管理理念[M].北京:机械工业出版社,2005:44.

[164] Wreder Å. Successful management methodologies for achieving co-worker health in a large organization[J]. Total Quality Management,2007,18(7):823-844.

[165] Bowes B J. Prescribing a healthy dose of corporate culture[J]. CMA Management,2008(5):14-15.

[166]邢雷,时勘,刘晓倩.不同层次的领导行为对健康型组织建设影响的比较研究[J].管理评论,2012,24(12):93-99.

[167] Danna K,Griffin R W. Health and well-being in the workplace:A review and synthesis of the literature[J]. Journal of Management,1999,25(3):357-384.

[168] Perry L T,Barney J B. Performance lies are hazardous to organizational health[J]. Organizational Dynamics,1981,9(3):68-80.

[169]陈维政,王兴琼.促进组织健康:合作还是冲突?——基于团队特征实证研究的启示[J].中国地质大学学报(社会科学版),2010(3):118-123.

[170] Patterson K. Effects of unresolved conflict on organizational health and performance and conflict resolution training for developing leaders and improving business success[J]. Proceeding of the Northeast Business & Economics Association,2010(1):542-546.

[171] Saksvik P Ø,Tvedt S D,Nytrø K. et al. Developing criteria for healthy organizational change[J]. Work & Stress, 2007,21(3):243-263.

[172] Nadler L. How is your organizational health? [J]. Management of Personnel Quarterly,1970,9(1):18-28.

[173] Hine M J,Goul M,Philippakis A. Organizational health maintenance:The design of a knowledge-based strategy support system[J]. Intelligent Systems in Accounting,Finance and Management,1993,2(3):161-176.

[174] Lindström K. Psychological criteria for good work organization[J]. Scandinavi-

an Journal of Work and Environmental Health,1994(20):123-133.

[175]Wilson M G, Dejoy D M, Vandenberg R J, et al. Work characteristics and employee health and well-being: Test of a model of healthy work organization [J]. Journal of Occupational and Organizational Psychology, 2004 (77): 565-588.

[176]Tuan L T. Underneath organizational health and knowledge sharing[J]. Journal of Organizational Change Management,2013,26(1):139-168.

[177]吴经文.基于组织公民行为的组织认同对组织健康影响研究[D].浙江工商大学,2014.

[178]McHugh M,Brotherton C. Health is wealth——Organizational utopia or myopia[J]. Journal of Managerial Psychology,2000(1):744-770.

[179]张淑敏.积极心理学视角下的组织健康研究框架[J].湘潭大学学报(哲学社会科学版),2012,36(5):72-75.

[180]孟宪忠.企业健康是企业竞争的前提[J].中外企业文化,2003(10):5-6.

[181]彭春芳.组织健康及其对企业管理人员工作压力与工作绩效的影响研究[D].重庆大学,2012.

[182]彭红霞.组织健康的结构及其相关研究[D].河南大学,2009.

[183]彭启英.组织健康与员工沉默行为的关系研究[D].重庆大学,2013.

[184]Sekerka L E,Comer D R,Godwin L N. Positive organizational ethics: Cultivating and sustaining moral performance[J]. Journal of Business Ethics,2014 (119):435-444.

[185]禹立法.企业全面诊断实务[M].北京:经济管理出版社,2012.

[186]Clark E,Fairman M. Organizational health: a significant force in planned change[J]. NASSP Bulletin,1983,67(9):108-113.

[187]郑苍红.祥光集团组织健康提升方案研究[D].西安:陕西师范大学,2014.

[188]李四海,陆琪睿,宋献中.亏损企业慷慨捐赠的背后[J].中国工业经济,2012(8):148-160.

[189]罗海滨,刘善仕,王红椿,等.内控导向人力资源管理实践与组织绩效研究[J].管理学报,2015,12(8):1124-1134.

[190]王晓静.论企业海外投资的经营风险[J].社会科学家,2012(11):75-78.

[191]韩福荣,徐艳梅.企业仿生学[M].北京:企业管理出版社,2001.

[192]杜小民.基于知识自组织演化的企业动态能力衍生路径研究[D].吉林大学,2015.

[193]李昌庚.中国社会转型的路径依赖及其法治回应[J].青海社会科学,2016(2):67-76.

[194]高松.走出洞穴:大转型时代企业家的三重修炼[M].北京:中国友谊出版公司,2015.

[195]Adomako S,Danso A. Regulatory environment, environmental dynamism, political ties, and performance[J]. Journal of Small Business and Enterprise Development,2014,21(2):212-230.

[196]王晓静.价格、需求与总收益——基于美国现房数据实证检验[J].数理统计与管理,2015(9):890-899.

[197]张小富,汝岩.DEA 方法下的房地产开发企业健康状况评价[J].财会月刊,2011(6):55-57.

[198]Trumpp C,Endrikat J,Zopf C,et al. Definition,conceptualization,and measurement of corporate environmental performance:A critical examination of a multidimensional construct[J]. Journal of Business Ethics, 2015,126(2):185-204.

[199]Wolin R M. Unrealistic goals and organizational pressures that can lead to compliance failure[J]. Journal of Health are Compliance,2016(1):55-60.

[200]Leggat S G,Holmes M. Content analysis of mission, vision and value statements in Australian public and private hospitals:implications for healthcare management[J]. Asia Pacific Journal of Health Management,2015,10(1):46-55.

[201]徐大勇.企业战略管理[M].北京:清华大学出版社,2015.

[202]Zweber Z. M. ,Henning R. A. and Magley V. J. , A practical scale for multifaceted organizational health climate assessment[J]. Journal of Occupational Health Psychology,2016,21(2):250-259.

[203]陆佳芳,时勘,Dean Tjosvold.健康型组织建设:合作性团队[J].中国人力

资源开发,2005(4):42-44.

[204]项凯标,周建波,程贞敏.团队过程、共享心智模式与组织绩效:机理与路径[J].河北经贸大学学报,2013,34(6):110-116.

[205]杨涛,马君,张昊民.新生代员工的工作动力机制及组织激励错位对创造力的抑制[J].经济管理,2015,37(5):74-84.

[206]Uwakweh B O. Effect of foremen on construction apprentice [J]. Journal of Construction Engineering and Management,2005,131(12):1320-1327.

[207]陈淑妮,陈贵壹.组织激励、组织承诺与忠诚度关系的实证研究[J].科技管理研究,2010(16):128-133.

[208]李灵.激励:激活企业员工的动力[J].云南师范大学学报:哲学社会科学版,2002,34(12),108-111.

[209]赵夷岭,段万春,宋光兴.情感型和工具型激励因素对员工组织承诺的影响力研究[J].经济问题探索,2009(8):78-79.

[210]邢雷,时勘,臧国军,等.健康型组织相关问题研究[J].中国人力资源开发,2012(5):15-21.

[211]殷计香.国有企业组织协调功能紊乱的分析及对策[J].南开经济研究,1999(1):43-45.

[212]郭羽诞,邵来安.国际商务[M].上海:立信会计出版社,2007.

[213]Sauter S,Lim S,Murphy L. Organizational health:A new paradigm for occupational stress research at NIOSH[J]. Japanese Journal of Occupational Mental Health,1996(4):248-254.

[214]张先治,傅荣,贾兴飞,等.会计准则变革对企业理念与行为影响的多视角分析[J].会计研究,2014(6):31-39.

[215]王兴琼,陈维政.组织健康研究的道德化取向及其对中国企业的启示[J].当代财经,2008(11):72-76.

[216]Richardson G B. The organization of industry[J], Economics Journal, 1972(82):883-896.

[217]冯悦旋.微型企业持续成长的影响因素及其作用关系[J].企业经济,2015(3):46-49.

[218]胡望斌,张玉利.新企业创业导向转化为绩效的新企业能力:理论模型与

中国实证研究[J].南开管理评论,2011(1):83-95.

[219]张永强,李建标.网络经济规则与企业组织行为[J].南开经济研究,2001(2):53-56.

[220]周燕,牛少锋,张君泽.组织管理制度的形成基础及动态演化[J].江西社会科学,2012(9):178-182.

[221]于金富.经济发展理论的主要范式极其历史演进[J].福建论坛.人文社会科学版,2013(5):5-11.

[222]杨梦源,段云龙,许跃辉.企业持续创新的制度结构:理论基础、概念、类型及作用机理[J].企业经济,2014(9):49-53.

[223]张道根.我国国有企业组织制度结构的理论分析[J].学术界,1993(2):60-65.

[224]王晓静.我国企业国际化动力及有关衡量指标[J].科技管理研究,2012(11):66-69.

[225]王晓静,孟宪忠,罗娟.中国企业成长中存在的健康问题及措施思考[J].技术经济与管理研究,2019(6):67-71.

[226]曾智洪.企业战略危机管理评价指标体系与评价方法[J].四川大学学报(哲学社会科学版),2010(3):97-102.

[227]Stoner C R,Hartman R I. Organizational therapy:Building survivor health and competitiveness[J]. SAM Advanced Management Journal,1997,62(3):25-41.

[228]董振林,邹国庆.权变视角下的管理者社会关系与企业创新绩效[J].财经问题研究,2016(3):18-26.

[229]才国伟,邵志浩,刘剑雄.组织管理结构、政府公共服务与民营企业转型升级[J].财贸经济,2015(4):46-59.

[230]张玉喜,赵丽丽.政府支持和金融发展、社会资本与科技创新企业融资效率[J].科研管理,2015,36(11):55-63.

[231]蔡卫星,高明华.政府支持、制度环境与企业家信心[J].北京工商大学学报(社会科学版),2013,28(5):118-126.

[232]曾萍,李明璇,刘洋.政府支持、企业动态能力与商业模式创新:传导机制与情境调节[J].研究与发展管理,2016,28(4):31-38.

[233]朱松,杜雯翠,高明华.行业景气程度、政府支持力度与企业扩张决策[J].财经研究,2013,39(10):133-144.

[234]熊淑萍.企业组织健康与员工情绪管理关系研究[J].企业经济,2015(11):95-98.

[235]王培玉,刘爱萍.健康管理学与健康管理师——人群健康领域的一个新学科、卫生行业的新职业[J].北京大学学报(医学版),2013(6):347-351.

[236]David F R, David F R, David M E. Benefits, characteristics, components, and examples of customer-oriented mission statements[J]. International Journal of Business, Marketing, and Decision Sciences,2016,9(1):19-32.

[237]Shipton H, Budhwar P S, Crawshaw J. HRM, organizational capacity for change, and performance:A global perspective[J]. Thunderbird International Business Review,2012,54(6):777-790.

[238]Delaney J T, Huselid M A. The impact of human resource management practices on perceptions of organizational performance[J]. Academy of Management Journal,1996,39(4):949-969.

[239]杨柳青,梁巧转,康华.基于企业特征调节效应的国家创新体系与企业研发投入研究[J].管理学报,2016,13(5):707-714.

[240]Korberg C S, Ungson G R. The effects of environmental uncertainty and dependence on organizational structure and performance:A comparative study[J]. Journal of Management,1987(13):725-737.

[241]Neill S, McKee D, Rose G M. Developing the organization's sensemaking capability:Precursor to an adaptive strategic marketing response[J]. Industrial Marketing Management,2007,36(6):731-744.

[242]曾敏刚,吕少波,吴倩倩.政府支持、信任与供应链外部整合的关系研究[J].中国管理科学,2014,22(12):48-55.

[243]Li H, Atuahene-gima K. Product innovation strategy and the performance of new technology ventures in China[J]. Academy of Management Journal,2001(44):1123-1134.

[244]王栋晗,苏中锋,沈灏.创业导向与企业绩效:制度创业的观点[J].经济

体制改革,2016(5):93-99.

[245]德威利斯.量表编制:理论与应用[M].魏勇刚,龙长权,宋武,译.重庆:重庆大学出版社,2004.

[246]龙思颖.基于认知视角的企业动态能力及其绩效研究[D].浙江大学,2016.

[247]龙静,黄勋敬,余志杨.政府支持行为对中小企业创新绩效的影响——服务性中介机构的作用[J].科学学研究,2012,30(5):782-792.

[248]Sen A,Haque S. HR metrics and the financial performance of a firm[J]. Journal of Management Research,2016,16(3):177-184.

[249]Richard P J, Devinney T M, Yip G S,et al. Measuring operational performance: towards methodological best practice[J]. Journal of Management, 2009,35(3):718-804.

[250]Aanu O S,Samuel F A,Ailemen I O,et al. Institutional shareholder engagement, corporate governance and firms' financial performance in Nigeria[J]. Journal of Internet Banking and Commerce,2016,21(2):1-19.

[251]Tang Z,Tang J. The impact of competitors-firm power divergence on Chinese SMES' environmental and financial performance[J]. Journal of Business Ethics,2016(136):147-165.

[252]Dulger M, Alpay G, Yilmaz C,et al. How does learning orientation generate product innovativeness and superior firm performance[J]. International Journal of Business and Economic Development,2016,4(2):68-77.

[253]李忆,司有和.知识管理战略组织能力与绩效的关系实证研究[J].南开管理评论,2009,12(6):69-76.

[254]Gerwin D,Barrowman N J. An evaluation of research on integrated product development[J],Management Science,2002,48(7):938-953

[255]李瑶,刘益,刘婷.管理者社会联系与企业创新绩效[J].科技进步与对策,2013,30(22):101-105.

[256]关键,王先海.双边层次联盟能力与企业绩效、合作满意度关系研究[J].管理工程学报,2015(04):27-34.

[257]李寅龙.基于创新环境类型的企业年龄与创新绩效关系研究[J].企业经

济,2015(8):30-35.

[258] Li D Y, Liu J. Dynamic capabilities, environmental dynamism, and competitive advantage: Evidence from China[J]. Journal of Business Research,2014, 1(67):2793-2799.

[259] 梁彦冰,崔雪松. SPSS 15.0 统计分析与实践应用宝典[M]. 北京:中国铁道出版社,2010.

[260] 张显峰. 创业导向、智力资本与动漫企业成长之关系研究[D]. 华南理工大学,2016.

[261] 李伟铭. 中国新创企业成长机制研究[M]. 北京:科学出版社,2014.

[262] 吴乐培. 经济管理数据分析实验教程:SPSS 18.0 操作与应用[M]. 北京:科学出版社,2012.

[263] 吴明隆. 问卷统计分析实务[M]. 重庆:重庆大学出版社,2010.

[264] 侯二秀,陈树文,长青. 企业知识员工心理资本维度构建与测量[J]. 管理评论,2013,25(2):115-125.

[265] 荣泰生. AMOS 与研究方法[M]. 第二版. 重庆:重庆大学出版社,2010.

[266] 赵斌,刘开会,李新建,等. 员工被动创新行为构念界定与量表开发[J]. 科学学研究,2015,33(12):1909-1919.

[267] 李召敏,赵曙明. 系导向型战略领导、人力资源柔性与组织绩效——基于转型经济下民营企业的实证研究[J]. 外国经济与管理,2016,38(4):73-89.

[268] 温忠麟,张雷,侯杰泰. 有中介的调节变量和有调节的中介变量[J]. 心理学报,2006,38(3):448-452.

[269] Sheng S., Zhou K Z., and Li J J. The effects of business and political ties on firm performance: Evidence from China[J]. Journal of Marketing,2011(75): 1-15.

[270] 孙秀丽,赵曙明,蒋春燕. 制度支持、公司创业与企业绩效——不正当竞争与技术能力的调节作用[J]. 科技进步与对策,2016,33(11):61-67.

[271] 王晓静,孟宪忠. 企业组织健康内涵. 因素与前因后果变量[J]. 技术经济与管理研究,2018(1):35-40.

[272] 马苓,许朋,石盛卿,等. 伦理型领导与组织健康的内涵及其作用关系

[J]. 管理案例研究与评论, 2017, 10(4): 391-404.

[273] 韩东屏. 论制度与社会发展[J]. 华中师范大学学报(人文社会科学版), 2016, 55(3): 57-74.

[274] 孟宪忠. 政府要为企业发展搭建舞台[N]. 光明日报, 2013 – 11 – 15(02).

附　　录

附录1　组织局内人视角企业组织健康量表开发调查问卷

(初始版)

问卷编号:(　　　)

尊敬的先生/女士:您好!

随着中国各行各业市场竞争日趋激烈,企业在市场经济中的健康发展状况越来越引起人们的关注。上海交通大学课题组承担了此次中国转型期企业健康的研究课题。我们敬请您填写一份问卷,此份问卷由您针对所在企业进行评分。问卷是不记名调查,您的意见是绝对保密的。请您按照自己的认知给出真实的回答,并且不要遗漏任何一个题目。

本问卷调研预计需要您20分钟左右的时间,衷心感谢您的辛勤付出!

第一部分

以下是基本信息,对本次调查是重要的,请在(　　　)填写适合您和您的公司的相应分值

1. 您的性别:(　　)
   (1)男性　(2)女性

2. 您的年龄:(　　)
   (1)23 岁及以下　(2)24~35 周岁　(3)36~40 周岁
   (4)41~49 周岁　(5)50 周岁及以上

3. 您的学历:(　　)
   (1)初中及以下　(2)高中或中专　(3)大专　(4)本科
   (6)硕士研究生及以上

4. 您所在公司的性质:(　　)

（1）国有企业　（2）民营企业　（3）三资企业　（4）其他

5.您在该公司工作的年限：（　　　）

　　（1）1 年以下　（2）1~2 年　（3）3~5 年　（4）6~10 年

　　（5）10 年以上

6.您从事的工作：（　　　）

　　（1）市场工作　（2）技术工作　（3）行政工作　（4）财务工作　（5）其他

7.您在公司里的职务是：（　　　）

　　（1）普通员工　（2）基层管理者　（3）中层管理者　（4）高层管理者

8.您所在公司成立至今，生存时间是：（　　　）

　　（1）1 年以下　（2）1~2 年　（3）3~5 年　（4）6~10 年　（5）10 年以上

9.您所在公司的行业是：＿＿＿＿＿＿＿＿＿

第二部分

以下各题项各有 5 个分值，选择您感知的各项目对应的分值，填写进（　　　）内

代号	题项	分值				
		完全不符合	不符合	一般	符合	非常符合
X11	我公司有明确的使命（　　　）	1	2	3	4	5
X12	我公司有令人向往的愿景（　　　）	1	2	3	4	5
X13	我公司清晰地表达出组织成功的方向和战略（　　　）	1	2	3	4	5
X14	我公司能将未来成功的方向和战略转化为具体的目标（　　　）	1	2	3	4	5
X15	我公司员工参与有关组织方向的探讨并讨论方向如何实现（　　　）	1	2	3	4	5
X16	我公司有阶段性修订战略的机制（　　　）	1	2	3	4	5
X28	我公司有诚实、透明和开放的文化（　　　）	1	2	3	4	5
X29	我所在的公司强调结果和成就（　　　）	1	2	3	4	5

代号	题项	分值				
		完全 不符合	不符合	一般	符合	非常 符合
X210	我所在的公司建立和执行明确的行为和绩效标准,并鼓励员工提出改进建议(　)	1	2	3	4	5
X211	我公司支持创新、创造的行动(　)	1	2	3	4	5
X212	我公司强调员工与周围同事构建和谐的人际关系(　)	1	2	3	4	5
X213	我公司强调团队合作(　)	1	2	3	4	5
X214	我公司强调员工共同努力来提高产品/服务的质量(　)	1	2	3	4	5
X215	我公司鼓励内部沟通,进行团队决策(　)	1	2	3	4	5
X316	我公司建立了清晰的组织架构(　)	1	2	3	4	5
X317	为了完成公司的目标,我明确自己的工作任务(　)	1	2	3	4	5
X318	为了完成公司的目标,我明确自己的职责(　)	1	2	3	4	5
X319	我公司通过明确的目的和正式、清晰的绩效目标提升来落实责任(　)	1	2	3	4	5
X320	我公司通过将奖励和个人绩效相关联来落实责任(　)	1	2	3	4	5
X321	我公司能激发强烈的个人归属感和个人责任感(　)	1	2	3	4	5
X322	我所在的公司有强烈的社会责任意识(　)	1	2	3	4	5
X423	我公司利用正式的绩效分析方法、反馈、跟踪来协调和控制人才调配(　)	1	2	3	4	5
X424	我公司关注运营关键绩效指标、标准和目标以监督和管理经营绩效(　)	1	2	3	4	5

代号	题项	分值				
		完全 不符合	不符合	一般	符合	非常 符合
X425	我公司关注财务关键绩效指标并有效支配和控制财务资源以监督和管理绩效（　　）	1	2	3	4	5
X426	我公司使用清晰的标准、政策和规则来设定行为目标及强化执行（　　）	1	2	3	4	5
X427	我公司识别和减少预期风险,当意外事件发生时能快速做出反应（　　）	1	2	3	4	5
X428	我公司控制关键流程之间的协调效率（　　）	1	2	3	4	5
X429	当机会出现时,我公司能迅速行动并抓住机会（　　）	1	2	3	4	5
X532	我所在公司的招聘流程合理（　　）	1	2	3	4	5
X533	我公司通过各种渠道招聘合适的人才（　　）	1	2	3	4	5
X534	我公司能够发展员工的知识和技能（　　）	1	2	3	4	5
X535	我公司通过沟通、建议和授权促进员工参与（　　）	1	2	3	4	5
X536	我公司利用外部资源（如供应商、经营伙伴、咨询顾问）来弥补能力的不足（　　）	1	2	3	4	5
X537	我公司不能管理好人才通道或者无法应对业绩差的员工（　　）	1	2	3	4	5
X638	我公司用强有力的对个人有意义的价值观来驱动员工（　　）	1	2	3	4	5

代号	题项	分值				
		完全 不符合	不符合	一般	符合	非常 符合
X639	我公司通过鼓励、指导和表彰来激励员工（　　）	1	2	3	4	5
X640	我公司提供职业发展机会来激励员工（　　）	1	2	3	4	5
X641	我所在的公司利用与绩效相关的物质奖励来激励员工（　　）	1	2	3	4	5
X642	我公司员工越努力工作,得到的提升机会越多（　　）	1	2	3	4	5
X643	我所在公司嘉奖及时（　　）	1	2	3	4	5
X644	我公司鼓励员工实现自我和超越自我（　　）	1	2	3	4	5
X745	我公司了解顾客并对他们的需要做出响应（　　）	1	2	3	4	5
X746	我公司的市场营销人员与其他职能部门花时间讨论消费者将来的需要（　　）	1	2	3	4	5
X747	我所在的公司获取和利用竞争对手信息来做出商业决定（　　）	1	2	3	4	5
X748	我所在的公司建立和维护与外部业务伙伴的联系网络（　　）	1	2	3	4	5
X749	我所在的公司发展很强的与公众、社会、政府、监管机构的关系（　　）	1	2	3	4	5
X852	我所在公司通过上层领导支持的举措来促进创新和学习（　　）	1	2	3	4	5
X853	我所在公司鼓励员工提出新创意和改进的举措（　　）	1	2	3	4	5

代号	题项	分值				
		完全 不符合	不符合	一般	符合	非常 符合
X854	我所在公司对提供新创意的员工进行物质奖励或非物质奖励(　)	1	2	3	4	5
X855	我公司在组织内部能够共享知识(　)	1	2	3	4	5
X856	我公司从组织外部输入创意和最佳实践(　)	1	2	3	4	5
V66	我公司内不同工作职能之间配合良好(　)	1	2	3	4	5
V67	我公司内不同部门之间的工作衔接良好(　)	1	2	3	4	5
V68	我公司内各部门之间的资源分配比例适当(　)	1	2	3	4	5
V69	总体而言,我公司内部具有的良好的协调能力(　)	1	2	3	4	5
V70	我公司善于发现、掌握新商机(　)	1	2	3	4	5
V71	我公司我们善于解决员工之间的冲突(　)	1	2	3	4	5
V72	我公司能对市场需求变化做出快速的反应(　)	1	2	3	4	5

最后,您所在公司的名称(如果方便,请填写):_____

问卷到此结束,敬请核对一下,以防疏漏。
衷心感谢您对本次调查的大力支持与帮助!

附录2　中国转型期企业组织健康模型假设检验调查问卷

(员工问卷)

问卷编号:(　　　)

尊敬的先生/女士:您好!

随着中国各行各业市场竞争日趋激烈,企业在市场经济中的健康发展状况越来越引起人们的关注。上海交通大学课题组承担了此次中国转型期企业健康的研究课题。我们敬请您填写一份问卷,此份问卷由您针对所在企业进行评分。问卷是不记名调查,您的意见是绝对保密的。请您按照自己的认知给出真实的回答,并且不要遗漏任何一个题目。

本问卷调研预计需要您20分钟左右的时间,衷心感谢您的辛勤付出!

第一部分

一、基本信息

请在(　　　)填写适合您和您的公司的相应选项

1. 您的性别:(　　　)

(1)男性　(2)女性

2. 您的年龄:(　　　)

(1)23周岁及以下　(2)24~35周岁　(3)36~40周岁　(4)41~49周岁

(5)50周岁及以上

3. 您的学历:(　　　)

(1)初中及以下　(2)高中或中专　(3)大专　(4)本科　(5)硕士研究生

(6)博士研究生

4. 您所在企业的性质:(　　　)

(1)国有企业　(2)民营企业　(3)三资企业　(4)其他_____(请填写)

5. 您在该企业工作的年限:(　　　)

(1)1年以下　(2)1~2年　(3)3~5年　(4)6~10年　(5)10年以上

6. 您从事的工作:(　　　)

(1)市场工作　(2)技术工作　(3)行政工作　(4)财务工作

（6）其他_____（请填写）

7. 您在企业里的职务是：（　　　）

　　（1）普通员工　（2）基层管理者　（3）中层管理者　（4）高层管理者

8. 您所在企业成立至今，生存时间是：（　　　）

　　（1）2年或以下　（2）3～5年　（3）6～10年　（4）10～20年　（5）21年以上

9. 请问您所在企业的规模（员工数量）是：（　　　）

　　（1）100人及以下　（2）101～200人　（3）201～500人　（4）501～1000人

　　（5）1001人以上

10. 请问您所在企业所处的行业是？（　　　）

　　（1）计算机/互联网/通讯/电子　（2）金融/银行/保险　（3）贸易/消费

　　（4）制造/营运　（5）制药/医疗　（6）房地产/建筑

　　（7）媒体/广告/专业服务　（8）物流/运输　（9）能源/原材料

　　（10）旅游/酒店/餐饮　（11）其他_____（请填写）

11. 您所在企业的名称（填空题）：_____

二、评分题

以下各题项各有5个分值，选择您认为各项目对应的分值，填写进（　　　）内

代号	题号	组织健康测量指标	分值				
			完全不符合	不符合	一般	符合	非常符合
01	X27	当机会出现时，我公司能迅速行动以抓住机会（　　）	1	2	3	4	5
02	X34	我公司用强有力的价值观来协调员工（　　）	1	2	3	4	5
03	X61	总体上，我公司内部具有的良好的协调能力（　　）	1	2	3	4	5
04	X62	我公司善于发现、掌握新商机（　　）	1	2	3	4	5
05	X64	我公司能对市场需求变化做出快速的反应（　　）	1	2	3	4	5
06	X31	我所在公司能够发展员工的技能（　　）	1	2	3	4	5

续　表

代号	题号	组织健康测量指标	分值				
			完全 不符合	不 符合	一般	符合	非常 符合
07	X35	我公司通过鼓励、指导和表彰来激励员工（　　）	1	2	3	4	5
08	X36	我公司提供职业发展机会来激励员工（　　）	1	2	3	4	5
09	X38	我公司员工越努力工作,得到的提升机会越多（　）	1	2	3	4	5
10	X40	我公司鼓励员工实现自我和超越自我（　　）	1	2	3	4	5
11	X49	我公司在组织内部能够共享知识（　　）	1	2	3	4	5
12	X01	我公司有明确的使命（　　）	1	2	3	4	5
13	X02	我公司有令人向往的愿景（　　）	1	2	3	4	5
14	X03	我公司清晰地表达出组织成功的方向（　　）	1	2	3	4	5
15	X05	我公司员工参与讨论组织方向的实现办法（　　）	1	2	3	4	5
16	X11	我公司同事之间人际关系和谐（　　）	1	2	3	4	5
17	X13	我公司强调提高产品/服务的质量（　　）	1	2	3	4	5
18	X15	为了完成公司的目标,我明确自己的工作任务（　）	1	2	3	4	5
19	X16	为了完成公司的目标,我明确自己的职责（　　）	1	2	3	4	5

三、评分题

以下各题项各有 5 个分值,选择您认为各项目对应的分值,填写进(　　)内

题号	政府支持题项	分值				
		完全不符合	不符合	一般	符合	非常符合
Y01	为支持当地企业,政府执行对企业经营有利的政策和项目(　　)	1	2	3	4	5
Y02	为支持当地企业,政府提供所需要的技术信息和其他的技术支持(　　)	1	2	3	4	5
Y03	为支持当地企业,政府提供重要的市场信息(　　)	1	2	3	4	5
Y04	为支持当地企业,政府在提供财务支持上发挥重要的作用(　　)	1	2	3	4	5
Y05	为支持当地企业,政府帮助企业获得技术、原材料及其他设备进口的许可(　　)	1	2	3	4	5

题号	环境不确定性题项	分值				
		完全不符合	不符合	一般	符合	非常符合
EN1	企业所处行业顾客需求变化很快(　　)	1	2	3	4	5
EN2	企业所处行业顾客要求越来越高(　　)	1	2	3	4	5
EN3	企业所处行业技术高速发展(　　)	1	2	3	4	5
EN4	本行业的产品或服务更新速度很快(　　)	1	2	3	4	5
EN5	竞争对手的行为很难预测(　　)	1	2	3	4	5
EN6	我们所需的资源越来越难获取(　　)	1	2	3	4	5
EN7	竞争对手频繁引入新产品(　　)	1	2	3	4	5

题号	企业绩效题项	分值(与主要竞争对手相比)				
		1 很低	2 低	3 相当	4 高	5 很高
P01	公司投资回报( )	1	2	3	4	5
P02	公司利润水平( )	1	2	3	4	5
P03	公司市场份额( )	1	2	3	4	5
P04	公司营利能力( )	1	2	3	4	5
P05	过去三年中,公司总资产的增长速度( )	1	2	3	4	5
P06	过去三年中,公司销售增长速度( )	1	2	3	4	5
P07	过去三年中,公司利润增长率( )	1	2	3	4	5

问卷到此结束,敬请核对一下,以防疏漏。

衷心感谢您对本次调查的大力支持与帮助!

附录3　组织局外人视角企业组织健康研究调查问卷

问卷编号:（　　　）

尊敬的先生/女士:您好!

　　随着中国各行各业市场竞争日趋激烈,企业在市场经济中的健康发展状况越来越引起人们的关注。为了促进企业健康发展,上海交通大学、中国大连高级经理学院、上海百年企业管理咨询有限公司,共同承担了此次中国企业健康的研究项目。我们敬请您填写一份问卷,此份问卷不是调查贵企业的情况,只是希望了解您对所熟悉的企业经营健康状况的看法。问卷是不记名调查,您的意见是绝对保密的。请您按照自己的认知给出真实的回答,并且不要遗漏任何一个题目。

　　本问卷调研预计需要您20分钟左右的时间,衷心感谢您对此次调研的辛勤付出。

一、基本信息

1.请选择您的性别?（单选题）

　　A.男　　　　　　　　　　　　B.女

2.请选择您所属的年龄范围(单选题)

　　A.小于30　　　　　　　　　　B.30至35

　　C.36至40　　　　　　　　　　D.41至45

　　E.46至50　　　　　　　　　　F.50至55

　　G.大于55

3.请选择您的学历情况?（单选题）

　　A.高中及以下　　　　　　　　B.大专

　　C.本科　　　　　　　　　　　D.硕士研究生(MBA、EMBA)

　　E.博士研究生(DBA)

4.请问您所熟悉的企业名称是? 企业成立年份是? （填空题）

_____

5. 请问您电子邮件的联系方式是？（填空题）

_____

_____

6. 请问您的单位职位是？（单选题）

    A. 普通员工   B. 基层管理者

    C. 中层管理者   D. 高层管理者

    E. CEO   F. 其他 （请填写）

7. 请问您所了解的企业所属性质是（单选题）

    A. 中央直属大型国有企业   B. 地方性国有企业

    C. 事业单位   D. 外资企业

    E. 民营企业   F. 其他_____（请填写）

8. 请问您所了解的企业规模是多少？（单选题）

    A. 50 人以下   B. 50 ~ 100 人

    C. 101 ~ 200 人   D. 201 ~ 500 人

    E. 501 ~ 1000 人   F. 1001 人以上

9. 请问您所了解的企业所在的行业是？（单选题）

    A. 计算机/互联网/通讯/电子   B. 金融/银行/保险

    C. 贸易/消费   D. 制造/营运

    E. 制药/医疗   F. 房地产/建筑

    G. 媒体/广告/专业服务   H. 物流/运输

    I. 能源/原材料   J. 旅游/酒店/餐饮

    K. 其他_____（请填写）

10. 请选择您所了解的企业所在区域是？（单选题）

    A. 东部   B. 南部

    C. 中西部   D. 东北部

二、企业健康指标信息

注：此部分内容为计分选项，问卷中分值说明如下：

完全不符合	不符合	一般	符合	非常符合
1 分	2 分	3 分	4 分	5 分

11. 请在以下关于企业精神健康的选项中,选择您认为较符合的选项,并在对应的选项中打"√"

指标	序号	问题	选项				
			完全不符合	不符合	一般	符合	非常符合
愿景使命	X1	该公司有明确的战略追求和发展方向					
企业精神	X2	该公司的发展处于行业领先的地位					
责任态度	X3	该公司有明确的法律意识,重视公正、透明、平等、民主的执行法律责任					
	X4	该公司具有处置补偿金、赔偿金、违约金、定金、押金(保证金)、滞纳金等经济责任问题的意识					
	X5	该公司具有明确的社会责任意识,能够积极承担社会责任,重视保护生态环境					
诚信价值	X6	该公司秉承合理处理利益相关者的关系,保障利益主体的合法权益的理念					
	X7	该公司具有良好的经营动机,对于诚信缺失、道德滑坡的行为有明确的处罚力度					

12. 请在以下关于企业结构健康的选项中,选择您认为较符合的选项,并在对应的选项中打"√"

指标	序号	问题	选项				
			完全不符合	不符合	一般	符合	非常符合
结构健康	Y1	该公司在对日常生产、经营等工作做出抉择时,能够做到透明、公开、民主的进行决策,而不流于形式					
	Y2	该公司既重视企业效率责任,又承担员工在企业内部遵纪守法的责任,重视"一岗双责"					
	Y3	该公司管理层领导相互协作,没有产生领导之间内耗的倾向					
	Y4	该公司关注员工的成长发展,定期组织员工进行专业培训,并重视员工权益的保障和维护					
	Y5	该公司在日常经营活动中,没有发生过因现金流断裂而产生的危机					
	Y6	该公司定期召开董事会会议,董事们会充分表达自己独立的意见					
	Y7	该公司有良好的生产管理效率,投入与产出的比例能够达到行业的平均水平					
	Y8	该公司没有发生过因资料丢失、被窃、泄密而对公司安全和利益产生影响的事故					
组织流程	Y9	该公司组织结构合理、产权明晰、分工明确,各部门之间资源分配比例适当					
	Y10	该公司在日常管理工作中,能够做到以人为本、机会均等、任人唯贤、同工同酬、赏罚分明					
信息方式	Y11	该公司注重对信息化发展趋势的掌握,对企业信息化发展的远景、目标、战略有自己的认识					
	Y12	该公司正在完善企业信息化的建设					

13. 请在以下关于企业作风健康的选项中,选择您认为较符合的选项,并在对应的选项中打"√"

指标	序号	问题	选项				
			完全不符合	不符合	一般	符合	非常符合
组织作风							
权力距离	Z1	该公司管理层在实际工作中,不存在脱离实际、脱离群众、做官当老爷的领导作风现象					
	Z2	该公司管理层在工作中不存在奉行权力至上、媚俗社会权力,寻找权力靠山的倾向					
虚实定式	Z3	该公司在日常工作中,不存在工作流于形式,说一套,做一套,工作落实不到位的现象					
	Z4	该公司工作作风建设不存在表面鲜明而空无内容、哗众作秀的现象					
简奢态度	Z5	该公司不存在奢侈铺张浪费、享乐主义的现象					
	Z6	该公司管理层始终秉持着工作勤奋、艰苦奋斗的良好风气					

14. 请在以下关于企业能力健康的选项中,选择您认为较符合的选项,并在对应的选项中打"√"

指标	序号	问题	选项				
			完全不符合	不符合	一般	符合	非常符合
组织能力	U1	该公司尊重发扬员工创新、锐意进取的精神,能够挑战自我、主动变革、寻求突破					
	U2	该公司善于发现、掌握新的商业机会					
	U3	该公司员工能够创造、获取和传递知识,并善于修正自身的行为,以适应公司新的形势和公司发展的新要求					
	U4	该公司管理层能够清晰地对企业经营质量的全过程进行控制					
	U5	该公司产品的质量能够符合国家相关的要求和标准					
	U6	该公司善于预见环境的突发改变并能迅速做出反应,减少风险事件的发生					
	U7	该公司能优化各部门的设置和人员的配备以有利于工作效率的提高					
	U8	该公司能够有效利用企业的现有资产以提高企业的经济效益					
	U9	该公司勇于挑战传统的思维方式和经营模式,敢于承认并认识到自己企业不足之处					
	U10	该公司员工具有饱满的工作热情,能够吸收、接纳员工或他人的意见					

指标列分组:创新能力(U1-U3)、质量把控(U4-U6)、效率改进(U7-U8)、超越自我(U9-U10)

15. 请在以下关于企业行为健康的选项中,选择您认为较符合的选项,并在对应的选项中打"√"

指标	序号	问题	选项				
			完全不符合	不符合	一般	符合	非常符合
行为健康 / 廉腐界限	V1	该公司在历届管理层中,没有发生过因贪污受贿、侵吞企业资产而受到党纪、行政或法律处罚的行为					
	V2	该公司没有发生过设租寻租、权钱交易的事件					
	V3	该公司在历届管理层中,没有发生过利用职务之便,谋取私利,从而受到党纪、行政或法律处罚的行为					
合法合规	V4	该公司遵守各种法律,能够依法、按时、诚信纳税					
	V5	该公司信守合同约定的内容					
商业伦理	V6	该公司遵守商业道德,进行公平竞争					
	V7	该公司不侵犯其他公司的知识产权,并及时保护本公司的知识产权					
	V8	该公司支持员工平衡工作和生活					
领导与管理	V9	该公司管理层在员工成长方面给予指导和帮助					
	V10	该公司管理层能与员工保持着良好的人际关系					
	V11	该公司管理层具有业务领导能力,能够在生产或专业活动的过程中带领或指导员工的工作行为					
	V12	该公司行动上以顾客第一为指导					
客户导向	V13	该公司构建与业务伙伴的良好合作关系					
	V14	该公司注重人员的招聘、甄选、培训等人力资源管理					
人力资源	V15	该公司物质激励和精神激励相统一					
	V16	该公司进行团队建设,制定员工的职业发展规划					

指标	序号	问题	选项				
			完全不符合	不符合	一般	符合	非常符合
生产与供应链	V17	该公司把控监督产品生产状况					
	V18	该公司对供应环节进行审核、监督和管理					
科学研究	V19	该公司着手开发自己的核心技术					
	V20	该公司组建研发团队,进行研发创新					
	V21	该公司培养企业领导与员工上下结合的创新活动方式,共同促进企业目标的达成					
营销服务	V22	该公司保证公司产品和服务的质量,不发布虚假信息,无欺诈消费者的行为					
	V23	该公司不存在过度营销					
财务状况	V24	该公司通过财务管理,想方设法保证资金链的不断裂及企业持续运营					
	V25	该公司财务人员在工作中,没有发生过违反国家法律制度规定,做假账和编制虚假会计报表的行为					
执行力	V26	该公司员工迅速、高效地完成组织所分配的任务					

（行为健康）

问卷到此结束,敬请核对一下,以防疏漏,衷心感谢帮助!

后　记

　　此刻,我望着即将付梓的书稿,往事如云飘过,感激之情油然而生。

　　首先我要感谢上海交通大学孟宪忠教授。他见多识广、思想深邃、胸襟开阔、循循善诱。本书的选题、数据收集、写作、修改,他都倾注了大量心血。多年来,孟老师对我学术之路、人生之路的指引,如春风化雨,滋润心田。

　　我还要感谢浙江大学陈菲琼教授。她是我的硕导,还是2011年我做访问学者的指导教师,陈老师精湛的学术水平令我钦佩。感谢博士期间的授课老师,他们是刘益教授、万国华教授、顾锋教授、骆建文教授、陈洁教授、罗继锋副教授、王良燕副教授、梁建副教授、李乃和副教授、王惟讲师、周政(Kevin Zhou)教授、彭维刚(Mike Peng)教授、车海教授。感谢曾经帮助过我的各位专家,他们是吴迪教授、陈洁教授、武邦涛教授、王方华教授、伍青生副教授、罗继锋副教授、张海东教授、於军副教授、王新新教授。在此对曾经无私帮助我的各位老师表示谢意!

　　感谢帮助我完成艰巨的调研任务的所有人。特别感谢刘宝廷先生、赵金胜先生、曹英婕女士、杨顶方先生、曹喜红女士、沈仲豪先生、李炳荣先生、Nicole女士、秦静女士、邱晓峰先生、陈忠慰先生,他们协助我发放、回收调查问卷,并接受深度访谈。特别感谢马进女士、陈恩远女士、胡彬先生、邱志峰先生、陈伟慧女士、林通先生,他们协助我发放和回收调查问卷。特别感谢苏武平先生、裴茂益先生、孙旭女士、刘力协先生,他们分别接受了深度访谈。特别感谢陈敏先生、王格宇先生,他们为我提供人脉资源。特别感谢浙江省临海市工商联对调研活动的大力支持!

　　感谢上海工程技术大学,本书的出版得到学校著作出版专项经费的资助,对我来说,这是一种极大的鼓励。十分感谢上海工程技术大学管理学院胡斌院长对本书出版的大力帮助。本书的出版也得到工商管理学科建设经费的资助,对我来说,这是一种极大的鞭策。

感谢我的父亲和母亲，感谢他们给了我勤奋、刻苦、认真、专心的特质。此外，他们给了我许多原本属于他们的时间！父母逐渐衰老，而我陪伴他们的时间非常少。我的母亲不但没有责怪我，还鼓励我。我的父亲在电话里常说"家里都好，不要挂念"，让我安心写书。

感谢我的爱人万太平，感谢他为我提供良好的家庭环境。此外，他承担了很多原本属于我的家务活。在本书的写作过程中，他参与了图表的技术处理、数据的录入等。我知道，我无法用有限的语言记录下他为我所做的一切。我还要感谢我的孩子，她们带给我幸福、快乐。刚着手写这本书的时候，我的大宝优优刚入幼儿园。八年过去了，现在优优将上六年级。优优在国画领域显示出天资聪颖。对此，我很欣慰，也很受鼓舞。2017年，小宝美美出生。从最初的微笑到伸手要我拥抱，从咿咿呀呀到喊我"妈妈"，从蹒跚学步到要我陪她看书，美美非常可爱。如今，美美将上幼儿园了。我由衷地说："爱你们，大优小美！家有平静优美，万事足！"

最后，我十分感谢吉林大学出版社的编辑，特别感谢责任编辑高珊珊。如果没有他们的辛勤付出，本书将不会有如此"美丽"的状态。

该感谢的人还有很多，由于某些原因这里不能全部列出。

谨将本书献给所有关心我的人、帮助我的人、爱我的人及我爱的人！

王晓静

二零二零年于上海